W0094163

Bene tibi

Christian Marzahn

BENE TIBI

Über Genuß und Geist

Mit Illustrationen und Originalzeichnungen von
Christoph Schminck-Gustavus

Edition Temmen

Die Deutsche Bibliothek – CIP-Einheitsaufnahme

Marzahn, Christian:
Bene tibi : über Genuss und Geist /
Christian Marzahn. – Bremen: Ed. Temmen. 1994
ISBN 3-86108-112-1

Für Barbara,
Annelie und Volkmar

© bei Edition Temmen
Hohenlohestr. 21 – 28209 Bremen
Tel. 0421-344280/341727 – Fax 0421-348094
Alle Rechte, soweit nicht ausgewiesen, vorbehalten

Druck: Interpress
ISBN 3-86108-112-1

Inhalt

Einführung

Noch wenige Stunden vor seinem Tod hat Christian Marzahn mit Christoph Schminck-Gustavus die Zeichnungen durchgesprochen, die dem letzten Beitrag dieses kleinen Bandes beigegeben sind. In den Wochen zuvor hatte er die Edition seines »Büchleins«, wie er es nannte, mit Liebe und Sorgfalt vorbereitet. Als ein Geschenk zum Abschied wollte er es verstanden wissen – zugeeignet seinen Freundinnen und seinen Freunden und auch den Bürgerinnen und Bürgern der Stadt, die ihm lieb geworden war.

Die Beiträge, die er unter dem Wunsch »Wohl Dir« versammelte, hatten für ihn auch noch Bestand, als ihm durch seine Krankheit zum Tode ganz neue Maßstäbe aufgezwungen wurden. Bewahrt wissen wollte er sein Streben nach einer Einheit von Geist und Genuß. Lange hatte er sich dazu öffentlich nur als Forscher geäußert. Die Texte, die er als Experte der Drogenkultur und als Kritiker der Drogenpolitik verfaßt hat, enthalten nüchterne Analysen. Geschrieben aber sind sie mit Esprit, mit Bedacht und manchmal auch mit Schalk. »Pooh und der Honig«, einer der in diesem Band wieder abgedruckten Aufsätze, ist dafür ein treffendes Beispiel. In der Erzählung aus dem Bremer Ratskeller, an der er in den letzten Wochen seines Lebens arbeitete, hat er es dann gewagt, eigenes Erleben in den Mittelpunkt zu stellen. Doch endet diese Erzählung mit dem behutsamen Verweis darauf, daß wahrer Genuß humane Verhältnisse verlangt.

Christian Marzahn hätte gerne noch gelebt. Als er fühlte, daß ihm das nicht vergönnt sein würde, hat er für seine Freunde einen nachdenklich heiteren Abschied vorbereitet.

Barbara Westermann

Plädoyer für eine gemeine Drogenkultur

> *»Ja so a Räuscherl is mir lieber*
> *Als a Krankheit und a Fieber«*
> *(Hans Moser)*

Ausbruch aus einem Gedankengefängnis

Nachdem er sich in seinem Zimmer so plaziert hat, daß ihn der Televisor zwar hören, aber nicht mehr sehen kann, nachdem er eine Tasse synthetischen Gin hinuntergestürzt und sich eine krümelige »Victory« angezündet hat, beginnt Winston Smith sein Diarium: *»4. April 1984.«* Er beschreibt die Vorführung eines Kriegsfilms, die er am Vorabend besucht hat, das brüllende Gelächter der Zuschauer, den Protest einer Frau und wie sie von der Polizei abgeführt wird. Er stockt, grübelt, ertappt sich, daß er in Blockschrift über eine halbe Seite geschrieben hat: *»Nieder mit dem Grossen Bruder«.* Ein furchtbarer Schreck durchzuckt ihn; er will die Seite herausreißen. *»Er tat es jedoch nicht, weil er wußte, daß es zwecklos war. Ob er Nieder mit dem Großen Bruder hinschrieb oder nicht, machte keinen Unterschied. Ob er mit dem Tagebuch fortfuhr oder nicht, machte keinen Unterschied. Die Gedankenpolizei würde ihn trotzdem erwischen. Er hatte – auch wenn er nie die Feder angesetzt hätte – das Kapitalverbrechen begangen, das alle anderen in sich einschloß. Gedankenverbrechen nannten sie es. Gedankenverbrechen konnte man auf die*

Dauer nicht geheimhalten« (Orwell 1974, S. 20). Sie erwischen ihn, und es geht übel für ihn aus. Am Ende liebt er den *»Großen Bruder«*.

Hat Orwells verzweifelte Warnung Gehör gefunden? Es scheint fast so. Wir schreiben Ende 1983 und können uns rühmen, keine institutionalisierte Gedankenpolizei zu haben, keinen in Paragraphen kodifizierten Straftatbestand »Gedankenverbrechen«, kein »Wahrheitsministerium«, das für eine umfassende »Wirklichkeitskontrolle« zuständig wäre. Aber gibt es nicht doch allerlei in dieser Richtung, Grund genug zur Besorgnis?

Gewiß ist ein gesellschaftliches Tabu, selbst ein *»Tabu der zweiten Ordnung«* (Illich), das sich auf Undenkbarkeiten bezieht, vergleichsweise harmlos gegen ein Wahrheitsministerium. Aber bisweilen nehmen solche Tabus oder *»Gedankengefängnisse«*, wie sie Stephan Quensel nennt und beschreibt (1982, S. 23ff.), solche Ausmaße an und führen zu solchen Konsequenzen, daß man wenigstens an das Werk einer Abteilung im Wahrheitsministerium glauben möchte. Beispielsweise an eine Abteilung »Drogen«, die in den vergangenen zehn Jahren überaus aktiv gewesen sein muß. Jedenfalls gibt es heute in der Bundesrepublik ein nahezu allseits akzeptiertes *Drogen-Credo.* Diesem zufolge haben wir ein Drogen-Problem, weil Drogen – gemeint sind dabei vor allem die illegalen Drogen – faszinierende, aber hochgefährliche Substanzen sind, weil die Jugend ihre Probleme nicht mehr mit zusammengebissenen Zähnen, sondern durch Flucht und Sucht löst und weil sie auch zu wenig Unterstützung und mutige Erziehung erfährt. Drogengebrauch, die Volksseuche der Gegenwart und eine Bedrohung für uns alle, ist deshalb mit allen Mitteln einzudämmen. Infizierte Personen und Gebiete müssen aufgespürt, isoliert und kuriert werden.

Bedauerlicherweise stammt dieses Drogen-Credo nicht aus dem Wahrheitsministerium und ist auch nicht das Glaubensbekenntnis einer am Drogen-Problem besonders interessierten Gruppe. Natürlich hängt ihm beispielsweise die Polizei mit besonderer Inbrunst an. Aber darüber hinaus auch die anderen Teile des Sanktionsapparates: die Drogengesetzgebung, die höhere Verwaltung, die Rechtsprechung. Und kaum weniger der soziale und medizinische Bereich, der Wissenschaftsbetrieb mit vielen Disziplinen und die Massenmedien, für die das Drogen-Problem geradezu erfunden werden müßte, existierte es nicht schon. Sogar noch die sog. Betroffenen müssen als Ex-User, als Bekehrte oder aber als abschreckendes Beispiel die Gültigkeit des Drogen-Credos bezeugen. Und, Hand aufs Herz, sind Drogen Ihrer Meinung nach nicht wirklich eine sehr gefährliche Sache?

Aber es ist kein Edikt des Wahrheitsministeriums, dem sich alle gezwungenermaßen beugen, sondern ein seltsames, kollektiv erzeugtes und sich fortzeugendes Produkt: *»Jede dieser genannten Gruppen bekräftigt fast immer die Ansicht der anderen, findet dort ihre Zustimmung, mißbraucht die Ergebnisse der Wissenschaft wie der Kritik und bietet ihr bestimmte Daten bevorzugt an, um sich bei anderen auf den Datenschutz zu berufen, informiert in interessegelenkter Weise, verbucht selektiv diejenigen Informationen, die der eigene Wahrnehmungsfilter hindurchließ, erlebt den Betroffenen am Ende als Bestätigung und kann sich auf die* *sichtbare Wirklichkeit der Gerichtsurteile wie der therapeutischen Gemeinschaften ebenso berufen wie auf das Prestige ehrenwerter Politiker und weitgereister Ministerialer«* (Quensel 1982, S. 33 f.).

Gibt es denn nun gar keine Gedankenverbrecher zum Thema Drogen? Freilich gibt es die. Ihr Ausbruch aus dem Gedankengefängnis – und auch der meine, denn von ihm ist hier die Rede – verläuft beispielsweise über die einfache Frage nach dem Erfolg der offiziellen Drogenpolitik. Und da tun sich sogleich Paradoxien auf, die die Flucht erleichtern: Etwa die Inkonsistenz in der Bewertung und Behandlung legaler und illegaler Drogen, deren doppelte Moral die Drogenpolitik so verwirrend und unglaubwürdig macht. Oder aber jene Unstimmigkeit, daß derselbe Staat, der mit einer Hand den Drogenkonsum so heftig bekämpft, mit der anderen eifrig Alkohol- und Tabaksteuer eintreibt. (Allein die Tabaksteuer beträgt in der BRD jährlich 9.000.000.000 Mark.) Desweiteren und gravierender, daß die reale Reichweite der Drogenpolitik, trotz des beträchtlichen Aufwandes, mit dem sie sich in Szene setzt, minimal ist: im Jahre 1980 erreichten die Drogenberatungsstellen in der BRD zwischen 2,1 und 3,8 % der geschätzten Opiatkonsumenten. Sie, die anderen ambulanten sowie die stationären Behandlungseinrichtungen behandelten günstigstenfalls zwischen 1,2 und 2,2 % aller Fixer (vgl. Bossong u. a. 1983, bes. S. 11 ff.). Schließlich und vor allem aber ist die Drogenpolitik ein Exempel jener fatalen *»Paradoxie der Wirkung gegenüber dem Wollen«* (Max Weber). Denn nicht nur erreicht die Drogenpolitik nicht ihr Ziel, welches irgendwo zwischen totaler Abstinenz und kontrolliertem Gebrauch anzusiedeln ist. Sie hat vielmehr durch Verbot, Kriminalisierung und soziale Ausgrenzung des Drogengebrauchs das Drogen-Problem überhaupt erst geschaffen. Das Drogen-Problem ist tatsächlich ein »*Drogen-Politik-Problem*« (Quensel 1982, S.17). Wenn aber eine punitiv-therapeutische Drogenpolitik im ganzen mehr schadet als nützt – wie sollte eine Alternative aussehen? Freizügigkeit? Freigabe aller Drogen? Befreiung aller zur Käufer- und Konsumfreiheit?

Drogengebrauch zwischen Markt und Prohibition

Unser Wissen über Drogen, unsere bewußten und unbewußten Einstellungen zu ihnen und unsere Gewohnheiten im Umgang mit ihnen resultieren aus sehr vielfältigen Erfahrungen und Quellen. Ein frühes und vor allem geschlechtsspezifisch bedeutsames Lernfeld ist die Familie; anderes hören und erleben wir im geselligen Freundes- und Kollegenkreis, die Jugendlichen in der Bezugsgruppe der Gleichaltrigen. Schule, Kirche und die Massenmedien bieten Informationen. Die Drogenwerbung verspricht Erfüllung geheimer Wünsche, und der Bundesminister für Gesundheit merkt Kleingedrucktes an. Fachleute aller Art geben Gewichtiges zu bedenken.

Diese Vielfalt an Informationen und Bewertungen, in denen auch eine Vielfalt von Interessen zum Ausdruck kommt, führt gewiß zu Widersprüchlichkeiten und Verwirrung. Wem soll man glauben? Heben sich die Meinungen nicht gegenseitig auf? Bei genauerem

Hinsehen reduziert sich diese Vielfalt des ersten Blicks beträchtlich. Im Grunde nämlich, so scheint mir, wird unser Umgang mit Drogen von nicht mehr als zwei fundamentalen Imperativen bestimmt. Diese Imperative sind der *Markt* und die *Prohibition.*

Unsere täglichen Drogen im Supermarkt oder im Fachhandel einzukaufen, ist uns eine bequeme und liebe Selbstverständlichkeit. Es ist auch diejenige Form, in der wir den Löwenanteil unseres Drogenbedarfs decken, jenen nämlich, der sich auf die sog. Genußmittel, also auf Kaffee, Tee, Tabak, Alkohol sowie auf den nicht rezeptpflichtigen Teil der Arzneimittel bezieht. Der Markt regelt also die Herstellung, Zugänglichkeit, Verfügbarkeit und Verteilung der legalen Drogen. Die marktförmige Versorgung der Bevölkerung mit Drogen hat hierzulande auch eine lange Tradition. Der Weinhandel ist Jahrtausende alt. Der Bierexport war eine der zuverlässigsten Stützen der Wirtschaft des mittelalterlichen Bremen; später traten hier Handel und Verarbeitung von Tabak und Kaffee hinzu. Heute ist es die Pharma-Industrie, die sich durch enorme Wachstumsraten und verwegene Praktiken auszeichnet (vgl. Langbein u. a., 1981).

So natürlich uns die Vermarktung der Drogen auch erscheint – sie umfaßte übrigens vor einigen Jahrzehnten auch noch einen Gutteil von Drogen, deren Gebrauch mittlerweile verboten ist: Cannabis, Opium, Heroin – so nachhaltig hat sie den Drogengebrauch verändert. Zwei historische Sprünge, die sich je nach Droge und Region zu unterschiedlichen Zeiten abgespielt haben, scheinen dabei von zentraler Bedeutung. Der erste fand statt, als die jeweilige Droge nicht mehr als Subsistenzmittel, sondern als Ware gebraucht wurde, die Droge also aus dem Eigenbedarf auf den Markt trat. Der zweite befördert die zur Ware gewordene Droge vom Regional- auf den Weltmarkt, wodurch die Drogen in neue Regionen gelangen, Drogenkonsum und Traditionsbildung auseinandertreten und Unsicherheit im Umgang mit ihnen um sich greift. Die Einführung von Kaffee und Tee nach Europa führte im 16./17. Jahrhundert zu ebenso hitzigen Debatten über das Für und Wider, wie wir sie heute über Cannabis erleben. Noch 1691 wurde in Lüneburg »Tobackschmauchen« mit dem Tode bestraft (Szasz 1980, S. 224).

Auch die warenförmige Erzeugung und Vertreibung von Drogen überschüttet nun die Bevölkerung nicht völlig wahl- und grenzenlos mit ihren Produkten. Gesetze, Preise, die Beachtung gewisser Gebrauchswertstandards und die Bemühung, absatzmindernde Skandale um das eigene Produkt zu vermeiden, wirken bis zu einem bestimmten Grad als Abgaberegulierung. Jedoch unterliegt die warenförmige Produktion und Distribution von Drogen grundsätzlich allen Gesetzmäßigkeiten der industriellen Warenproduktion. Auch hier ist der Produzent in erster Linie an der Realisierung des Tauschwerts interessiert, das heißt an Profit, Absatz und Expansion. Der Gebrauchswert ist ihm nur Vehikel. Der Marktimperativ, auch bezogen auf Drogen, ist also im Kern ein Konsum*gebot* mit einer immanenten Tendenz zur Steigerung. Je mehr Verbrauch, je mehr Absatz, je mehr Profit, desto besser. Dies ist bekanntlich auch der Grund, weshalb industrielle Drogenwerbung nicht Information ist, sondern Animation bis zur Täuschung. Dies ist aber auch der Grund, weshalb wir gerade im Gebrauch unserer Alltagsdrogen historisch eine stetige Erweiterung der Konsumentengruppen – Männer, Frauen, Jugendliche, Kinder – sowie eine Intensivierung des Drogenkonsums durch Beschleunigung und Konzentration beobachten: von der geruhsamen Pfeife über die Zigarre zur nervösen Zigarette (vgl. Schivelbusch 1980, S.108 ff.); vom Kräutertee zur Pille; vom Tropfen für Tropfen gefilterten Mocca zum Espresso; vom Wein zum Schnaps. Der gesellige und besinnliche Genuß ist dem Schnellkonsum gewichen.

Die primäre Orientierung auf den Tauschwert, die der kapitalistischen Produktionsweise eigen ist, hat zur Folge, daß der Produzent am Abnehmer seiner Waren nur als Abnehmer interessiert ist. Nicht etwa als Mensch in seiner Gesamtheit. Auch nicht daran, ob der Abnehmer sein Produkt in einer ihm bekömmlichen Weise konsumiert oder nicht. Der Konsum ist Sache des Konsumenten. Hier ist er frei und verantwortlich. Daher ist der Produzent legaler Drogen voll Eifer bei der Sache bis zum Abschluß des Kaufaktes, aber kühl und gleichgültig gegenüber allem, was sich danach abspielt. Auch Säuferleber, Raucherbein und Lungenkrebs sind Sache des Konsumenten. Und wenn es beispielsweise in der Arzneimittelherstellung heute eine gewisse moralische oder rechtliche Haftung gibt, bleibt der Erzeuger im Regelfall doch ungeschoren, und selbst im Skandalfall wird es dem geschädigten Konsumenten schwer gemacht, den erlittenen Schaden einzuklagen. Soweit sich unser Umgang mit Drogen also am Marktimperativ orientiert, folgen wir einem Konsumgebot, welches interessiert ist an Absatz und Profit, gleichgültig gegenüber den Folgen.

Der Imperativ der *Prohibition* folgt einer anderen Logik. Er bezieht sich auf die illegalen Drogen (Cannabis, Opium, Kokain, Heroin, LSD etc.), irreführenderweise oft unter der Bezeichnung »Rauschmittel« zusammengefaßt. Sie zu konsumieren soll unterbunden oder erschwert werden, indem Herstellung, Handel und Gebrauch dieser Drogen verboten und sozial geächtet oder auf wenige, klar umrissene Fälle (zum Beispiel in der medizinischen Verwendung) eingegrenzt werden. Die wesentlichen Instrumente hierfür sind eine präventive Meinungsbildung, eine repressive Gesetzgebung und ein juristisch-medizinisch-sozialer Sanktionsapparat, der im Falle des Verstoßes tätig wird. Diesem Imperativ liegen zwei Prämissen zugrunde: daß insbesondere diese Drogen gefährlich sind und schwere Schäden am Konsumenten und der Gemeinschaft bewirken; und daß die Konsumenten selbst nicht in der Lage sind, mit diesen Drogen angemessen umzugehen. Und auch dieser Imperativ hat sich in historischen Sprüngen herausgebildet: einem ersten von der internen Familien-/ Sippenkontrolle zur »guten Polizey« des Gemeinwesens; einem zweiten, in welchem die Kontrolle nationalisiert, später internationalisiert und durch flankierende Professionen (wie etwa die Medizin) angereichert wurde.

Nun sind die ungewollten, aber realen Folgen einer prohibitiven Drogenpolitik hinreichend bekannt: Schwarzmarkt, Gesundheitsgefährdung durch gepanschte Substanzen, vor allem aber das soziale Leid, das notwendig mit Strategien der Stigmatisierung und Kriminalisierung verbunden ist (vgl. Quensel 1982; Bossong u.a. 1983). Wenn zudem die Erhöhung des

Leidensdrucks bis zum Zusammenbruch der Person als Voraussetzung einer erfolgreichen Befreiung von der Droge und dabei auch der *»helfende Zwang«* (vgl. Scheerer 1980) als legitimes Mittel gilt, wird deutlich, daß auch dieser Imperativ nicht wirklich am Wohl des Betroffenen orientiert, sondern prinzipiell gleichgültig ist gegenüber dem konkreten Individuum. Ein Verbot wird durchgesetzt – *»mögliche Nebenwirkung Tod«* (Scheerer 1983, S.14).

Diese beiden Imperative, die das gesellschaftliche Drogenverhalten grundlegend bestimmen, das Konsum*gebot* des Marktes und das Konsum*verbot* der Prohibition, weisen nun einerseits unverkennbar in entgegengesetzte Richtung. Der eine zielt auf eine maximale Zugänglichkeit der Drogen, der andere auf eine minimale; der eine kurbelt den Drogenkonsum nach Kräften an, der andere würgt ihn ab. Da erst beide Imperative zusammen die Drogenpolitik unserer Gesellschaft ausmachen, nimmt es nicht wunder, daß diese voller Widersprüche ist und wenig konsistente Orientierung bietet. An ein und demselben Tag (24. Aug. 1983) melden die *»Bremer Nachrichten«*: *»Brüssel fordert zum Weintrinken auf. Trinkt mehr Wein, appelliert die Europäische Gemeinschaft (EG) an die europäischen Verbraucher«* (S. 4). Und: *»Auch in Schulen hält der Alkohol Einzug. (...) Nach Ansicht von Pädagogen und Ärzten wird in der Öffentlichkeit jedoch noch zu wenig registriert, daß die Zahl der alkoholgefährdeten Kinder und Jugendlichen in den vergangenen Jahren rapide gestiegen ist«* (S.14).

Auf der anderen Seite sind beide Drogen-Imperative eigentümlich miteinander verwoben. So bedarf der

Markt prohibitiver Elemente, um nicht gänzlich überzukochen. Umgekehrt erzeugt die Prohibition, die doch den Markt einschränken oder sogar ausschalten will, unfreiwillig wieder einen neuen Markt, der ganz den Marktimperativen folgt und dessen ohnehin schon schwarze Seiten durch die Bedingungen der Illegalität noch weiter verdunkelt werden. Und schließlich zeigen beide Imperative auch erstaunliche Gemeinsamkeiten. Beide ziehen ihre Legitimation aus einem unterstellten Nutzen, den *sie* für den Konsumenten bereitzustellen beanspruchen: Genuß und Gesundheit. Aber beide nehmen dem Individuum und der Gemeinschaft Kompetenzen weg, enteignen sie, berauben sie des genauen Wissens um die Droge und der freien Entscheidung für oder gegen sie. Verführung und Verbot rechnen gleichermaßen mit dem schwachen Individuum und der zerstörten Gemeinschaft, setzen sie ebenso voraus wie sie sie erzeugen. Rücksichtsloser Absatz und rücksichtslose Verfolgung nehmen das Individuum nicht mehr als Zweck; für sie ist es nur ein Mittel, durch welches sie ihre eigenen Zwecke verfolgen. Beide Imperative sind deshalb unfähig, dem Individuum und der Gemeinschaft Gutes zu tun, und sie sind untauglich, Schaden von ihnen abzuwenden.

Drogensozialisation und Drogenerziehung

Aber sind wir denn diesen beiden Imperativen ganz schutzlos ausgeliefert? Könnten nicht Drogensozialisation und Drogenerziehung uns zu einer eigenständigeren Position verhelfen, in der wir nicht nur Objekte fremder Interessen sind?

Wenn wir unter *Drogensozialisation* die Gesamtheit aller Einflüsse verstehen, aus denen sich tagtäglich und über Jahre hinweg unser Wissen, unsere Bewertung und unser tatsächliches Verhalten gegenüber Drogen ergeben, werden wir nicht allzuviel erwarten können. Denn was da von den Eltern, von Freunden, von der Schule und den Medien weitergegeben wird, ist, wie Margareta Nilson-Giebel von der Bundeszentrale für Gesundheitliche Aufklärung (BfGA) mißmutig notiert, meistenteils *»attraktiv und positiv besetzt«* (1980, S. 738). Drogensozialisation ist also entweder weitgehend dem Marktimperativ verfallen oder aber sie reproduziert alle Widersprüche, die die gesellschaftliche Bewertung von Drogen bei uns aufweist.

Drogenerziehung wird dagegen meist als engerer Begriff gefaßt. Er meint die bewußte und planmäßige pädagogische Einwirkung auf Kinder und Jugendliche in Sachen Drogen. Drogenerziehung wurde in der Bundesrepublik in dem Maße als bedeutsam angesehen und ausgebaut, in welchem die Unwirksamkeit gesetzlicher und polizeilicher Abschreckung nicht mehr zu übersehen war. Präventionsprogramme sind seitdem vor allem in den Schulen eingesetzt worden. Mittlerweile ist die Flut von Aufklärungsbüchern, Leitfäden, Unterrichtseinheiten, Filmen, Broschüren, Heftchen und Zetteln kaum noch zu überblicken, ein Urteil über sie deshalb nur schwer möglich. Die Durchsicht ausgewählter Beispiele vermittelt jedoch folgenden Eindruck: Gern und häufig werden dem Leser sogenannte »Anzeichen« mitgeteilt, an welchen Eltern, Pädagogen, Mitschüler und andere Kontrolleure erkennen können, daß jemand Drogen nimmt: häufige Kopfschmerzen, gerötete Augen, blasse und fahle Haut, Müdigkeit, Ängstlichkeit, Mißtrauen, Stimmungsschwankungen, Interessenlosigkeit, Leistungsabfall, Pessimismus etc. (Informationsblatt der BfGA, Köln o.J.). Bisweilen, nicht immer, wird diese für die »Früherkennung« und »Früherfassung« wichtige Handreichung wenigstens durch den Hinweis relativiert, daß diese Anzeichen auf Drogengebrauch hinweisen *können,* nicht müssen.

Methodisch dominieren im drogenerzieherischen Schrifttum zwei Ansätze. Der eine arbeitet vorwiegend mit dem Mittel der Abschreckung; furchterregende Konsequenzen des Drogenmißbrauchs werden in drastischer Weise herausgestellt. Der andere orientiert sich am Prinzip der Sachkunde, bemüht sich um ausgewogene Darstellung des Für und Wider. Ist der erste Ansatz nicht besonders wirksam, weil er in seiner Drastik einseitig und unglaubwürdig ist und Identifikation geradezu verhindert, so bleibt beim zweiten unklar, worauf er eigentlich hinaus will.

Hier liegt wohl überhaupt das große Problem der Drogenerziehung: Erziehung wozu? Zur Abstinenz, wenn doch Drogen schädlich sein können? Zum kontrollierten Umgang, angesichts des faktischen und beträchtlichen Drogenkonsums ? »*Genieße ihn mäßig, aber unregelmäßig*«, rät die Bundeszentrale für Gesundheitliche Aufklärung, einer der Hauptträger der Drogenerziehung in der Bundesrepublik, für den Umgang mit Alkohol (1975, S.17) – und kassiert sogleich den Vorwurf, ihr Material sei »*z. T. gefährlich. Hier wird zum Alkoholkonsum animiert*« (Kretschmann

1979, S.11). Empfehlungen zu mäßigem Konsum sind überhaupt stark in der Minderzahl; Ablehnung und negative Besetzung überwiegen bei weitem: Immunisierung, Erhöhung der Hemmschwelle, »nein« sagen können, Endziel des Verzichts etc. Die Lernziele des »*Infoset Drogen*« der BfGA (1980) lauten: »*Die Gesprächsteilnehmer sollen die Gefahren kennen, die mit den Drogen verbunden sind … die wichtigsten strafrechtlichen Folgen beim Umgang mit Drogen kennen … die Zusammenhänge erkennen, die in der Drogenszene zwischen Kriminalität und Profit bestehen; … die mit der ersten Drogeneinnahme verbundenen Risiken richtig einschätzen und Drogenangebote ablehnen lernen.*« Und beunruhigt, der Renner »*Christiane F.*« könne auf Jugendliche nicht hinreichend präventiv wirken, wird er nochmals pädagogisiert. Ein »*Pädagogisches Beiheft*« muß her (Schmejkal 1980), denn: »*Es empfiehlt sich nicht … das Buch isoliert, ohne Vor- und Nachbereitung, nur als alleinstehende Lektüre lesen zu lassen*« (ebd., S. 5). Ja, nicht einmal jeder Lehrer bietet die Gewähr, mit diesem Buch fruchtbar arbeiten zu können. Dies verstünden vielmehr nur solche, »*die den Unterricht so steuern können, daß sie nicht immerfort von Spannungen im Lehrer-Schüler-Verhältnis bedrängt werden*«. Keinesfalls dürfe der Lehrer »*von eigenen Rauschmittelerfahrungen berichten, um das Vertrauen seiner Schüler zu gewinnen. Charakterliche Standfestigkeit und vorgelebte Distanz gegenüber suchtbildenden Mitteln allein wirken überzeugend*« (Bockhofer 1980, S. 6). Das liest sich erhebend, und wirkt gewiß auf Schüler ebenso. Leider lassen die meisten Schriften eine so klare oder überhaupt eine eindeutige Zielsetzung vermissen. Man muß sie zwischen den Zeilen suchen. Aber auch dort überwiegen Warnung und Abwehr, etwa in der Charakterisierung der Drogenkonsumenten: *»realitätsfremd, passiv, leistungsunfähig, egoistisch, asozial, infantil, tendenziell geistesgestört, charakterlich defekt, unfrei, grau und traurig«*. So nachzulesen in offiziellen Aufklärungsbroschüren (vgl. Gerdes/v. Wolffersdorff 1974, S. 321 ff.). Sehr häufig findet sich in diesen Beiträgen auch der Gedanke, man dürfe den Jugendlichen die Drogen nicht einfach wegnehmen, ohne ihnen etwas Alternatives anzubieten. Die Vorschläge sind dann allerdings entsetzlich dürftig: Aufwertung drogenfreier Lebensformen; Meditation (ohne weitere Erläuterung); alkoholfreie Jugendarbeit (wohinter sich ein Jugendcafé verbirgt, in dem kein Alkohol ausgeschenkt wird; das Projekt gilt als erfolgreich, wenn es von den Jugendlichen nicht gänzlich sabotiert wird); und natürlich die unvermeidliche fröhliche Fruchtsaft-Party. Denn: *»Miteinander reden ist besser als schlucken«*, belehrt uns die BfGA (1978), und meint damit natürlich Alkohol, nicht Möhrensaft.

Bereits 1978 hat Irmgard Vogt die Frage gestellt: *»Wie wichtig sind Drogencurricula?«* Sie weist darauf hin, daß diese, obgleich sie als so wichtig gelten, kaum ernsthaft evaluiert worden sind. Und sie hält sie für nicht allzu wirksam, weil den *»Jugendlichen eine undifferenzierte negative Einstellung gegenüber jedwedem Drogenkonsum vermittelt werden soll«* (S. 285) und weder Abschreckung noch Sachkunde eine glaubwürdige Orientierung anbieten. Insofern kläre Drogenerziehung weniger auf, als daß sie bestehende Vorurteile noch verfestige. Vermutlich ist das so, vermutlich sogar in dem umfassenden Sinn, daß mit der Drogenerziehung nicht nur einzelne Vorurteile, sondern ein ganzer Lebensstil gestützt werden soll. Drogenerziehung ist eine Veranstaltung nicht für die Alten, kaum für die Erwachsenen, sondern für die Kinder und Jugendlichen. Sie ist ein besonders eifernder Teil des Versuchs, die heranwachsende Generation bei der Stange zu halten. Auch sie ist »*Erziehung für das Leben im siebten Stock*« (Illich 1982, S. 55). Nein danke.

Für eine gemeine Drogenkultur

Wenn es sich nun aber so verhält: die Distribution von Drogen über den Markt ist problematisch, die Drogenprohibition gescheitert. Jeweils fünfzig Jahre freier Umgang und Verbot haben nicht zu nennenswert unterschiedlichen Ergebnissen geführt. Drogenerziehung scheint daran auch nicht viel zu ändern. Alle drei Strategien sind im Grunde gleichgültig gegenüber dem konkreten Individuum und seiner Gemeinschaft und deshalb nicht geeignet, jenen Schaden von ihm abzuwehren, den Drogengebrauch mit sich bringen kann. Demgegenüber ist der Gebrauch von Drogen unbestreitbar uralt und weltweit, wenngleich mannigfaltig in der Form und in der Sinngebung: Gesundheit, Genuß, Rausch, Trost, Flucht, Grenzüberschreitung, meditative Versenkung (vgl. Völger 1981, pass.).

Dies alles drängt zu der Frage, wann und unter welchen Bedingungen Menschen so mit Drogen umgehen konnten, daß sie nicht Opfer ihrer gefährlichen Potenzen wurden. Mit der Antwort möchte ich Anregungen aufnehmen, wie sie etwa Legnaro (1975) und Josuttis (1981) gegeben haben, und versuchen, sie weiter zu führen. Die Antwort ist so einfach wie umfassend: Menschen konnten und können dies, wenn der Drogengebrauch nicht sozial ausgegrenzt, sondern integrierter Bestandteil einer gemeinen Drogenkultur ist, die ihrerseits fest in der jeweiligen Lebensweise wurzelt. Von *Kultur* soll die Rede sein, weil es sich um ein behutsames, sorgsam pflegendes Verhältnis zu etwas Elementarem und Wagnishaftem handelt. *Gemein* soll diese Kultur heißen, weil »gemein«, ein »*altes, hochwichtiges und edles Wort, nun aber übel heruntergekommen*« ursprünglich nichts anderes bedeutet als: »*allgemein, was alle angeht, von allen ausgeht*« (Deutsches Wörterbuch 1897, S. 3169/70). In diesem Sinne sprach man seit altersher von »*gemeinem Brauch*«, von »gemeinem Recht« und von »*gemeinem Frieden*«.

Um aber Aufschluß zu erlangen, worin das Wesen solcher gemeinen Drogenkultur bestehen könnte, möchte ich nun eine *Ausfahrt* vorschlagen, einen Streifzug der produktiven Befremdung. Und da sich die herausfordernde Begegnung mit dem Fremden und Unerwarteten seit jeher als Orts- und Zeitveränderung vollzieht, wollen auch wir uns beide Dimensionen der Weite ungeniert zunutze machen.

Platon: Symposion

Das συμπόσιον, das Trinkgelage der Griechen und Römer, war ein Teil des Gastmahls, begann jedoch stets erst nach dem Essen (vgl. Lübker 1855, Sp. 565ff.). Zu ihm gehörten Gespräche, Musik und Tanz; sein »Haupt-zweck« (ebd.) bestand jedoch im Genuß des Weins. Dieser wurde in der Regel mit Wasser vermischt getrunken (dilutum); ihn »merum« (ἄκρατον) zu trinken, galt als barbarisch. Die Mischung erfolgte im Krug (κρατήρ); von dort wurde er in die Becher (κύαθοι) geschöpft. Die Leitung des Gelages wurde durch Wahl oder Los bestimmt und oblag dann einem Vorsteher (ἄρχων τῆς πόσεως, συμποσίαρχος, magister). Er bestimmte das Mischverhältnis, die Art des Trinkens (ob mäßig oder heftig – πίνειν πρὸρ βίαν) und sorgte für angenehme Unterhaltung. Er wies auch die Trink-Strafen an, beispielsweise ex-trinken (ανονευστί), wenn jemand beim Spiel verloren hatte, oder auch das Zutrinken (ἐπὶ δεξιά – rechtsherum).

An einem solchen Symposion läßt uns nun Platon in seinem gleichnamigen Dialog teilhaben. Apollodoros aus Phaleron, ein großer Verehrer des Sokrates, erzählt, von Freunden danach befragt, was ihm ein gewisser Aristodemos – *»ein kleiner Mensch, immer unbeschuht«* (Platon 1957, S. 206) – über jene Gesellschaft im Hause des Agathon berichtet hat, bei welcher dieser selbst, Phaidros, Pausanias, der Arzt Eryximachos, der Komödiendichter Aristophanes und schließlich auch Sokrates philosophische Reden geführt hätten. Zusammen mit Sokrates habe sich Aristodemos zum Gastmahl begeben. Jener aber sei *»über irgend etwas bei sich nachsinnend unterwegs zurückgeblieben«* (S. 208). Man sucht nach ihm; er aber *»steht in dem Vorhofe des Nachbarn«* (S. 208), in Gedanken versunken. *»Stört ihn nur nicht, sondern laßt ihn«* (S. 208). Nach halb been-

»Die bedeutende Rolle des Weins bei den alten Griechen und Römern zeigt u.a. die Tatsache, daß die schönsten ihrer Gefäße mit Symposiumsszenen geschmückt sind.« (Völger 1981, S. 274)

detem Mahl kommt Sokrates herein, wird begrüßt und bewirtet. Und nun folgt jener Vorgang, der in unserem Zusammenhang besonders vielsagend ist:

»Nachdem nun, sagte er, Sokrates sich hierauf niedergelassen und abgespeist hatte und die anderen auch, hätten sie das Trankopfer gebracht und, nach gehaltenem Lobgesang auf den Gott und was sonst Sitte ist, sich ans Trinken begeben. Hierauf, sagte er, habe Pausanias eine solche Rede begonnen: Wohlan, Freunde, habe er gesagt, wie werden wir nun am behaglichsten trinken? Ich meines Teils erkläre euch, daß ich mich in Wahrheit ziemlich unwohl befinde vom gestrigen Trinken und einiger Erholung bedarf; und ich glaube, auch die meisten von euch, denn ihr wart gestern ebenfalls zugegen. Überlegt also, wie wir so bequem als möglich trinken können. – Darauf habe Aristophanes gesagt: Daran hast du wohl gesprochen, Pausanias, daß wir auf alle Weise

suchen müssen, es uns bequem zu machen mit dem Trinken; denn auch ich gehöre zu denen, die gestern etwas stark benetzt worden sind. – Als nun dies Eryximachos, der Sohn des Akumenos, gehört, habe er gesagt: Gewiß sehr wohl gesprochen. Nur eins möchte ich noch von euch hören, wie nämlich Agathon bei Kräften ist zum Trinken. – Gar nicht sonderlich, habe jener gesagt, bin auch ich bei Kräften. – Das wäre ja ein herrlicher Fund, habe Eryximachos erwidert, für uns, ich meine mich und den Aristodemos und Phaidros, wenn ihr, die stärksten Trinker, es jetzt aufgebt; denn wir sind immer Schwächlinge darin. Den Sokrates nehme ich aus; denn der ist auf beides eingerichtet, so daß es ihm gleich gelten wird, wie wir es machen. Da es mir also scheint, daß keiner von den Anwesenden große Lust hat, viel Wein zu trinken: so wird es vielleicht weniger übel aufgenommen, wenn ich aufrichtig sage, was es eigentlich auf sich hat mit dem Berauschtsein. Mir nämlich ist das, glaube ich, ganz klar geworden durch die Heilkunde, daß der Rausch den Leuten gar nachteilig ist, und ich möchte weder selbst gern zu weit gehen im Trinken, noch einen andern dazu bereden, zumal wer noch schwer ist vom vorigen Tage. – Wohl dann, habe Phaidros der Myrrhinusier das Wort genommen, ich pflege dir schon immer zu gehorchen, zumal wenn du etwas in die Heilkunde Einschlagendes sagst; nun aber wollen es ja auch die übrigen. – Hierauf also wären alle übereingekommen, es bei ihrem diesmaligen Zusammensein nicht auf den Rausch anzulegen, sondern nur so zu trinken zum Vergnügen« (S. 209 f.).

Nachdem sich die Anwesenden für diesmal auf bequemes Trinken verständigt haben, macht Eryximachos

Meerfahrt des Dionysos, begleitet von Delphinen.
Aus dem Schiffsmast wachsen die Weinreben. (Pieroth 1980, S. 39)

einen Vorschlag für die Diskussion: »*Ich meine nämlich, es solle jeder von uns rechts herum eine Lobrede auf
den Eros vortragen, so schön er nur immer kann*« (S.
210). Der Vorschlag findet allgemeine Zustimmung;
ihm verdanken wir einen der wundervollsten Texte der
Weltliteratur.

Nach der Rede des Sokrates, der zuletzt gesprochen hat, entsteht unvermittelt ein Gepolter an der Tür; ein Geräusch ist vernehmbar, *»als höre man Stimmen von Herumziehenden mit einer Flötenspielerin«* (S. 240). Man sieht nach. Es ist Alkibiades, der Feldherr, *»der sehr trunken schien und laut schrie, fragend, wo Agathon sei«* (S. 240). Er wird hereingeführt. *»Von der Flötenspielerin unter dem Arme gefaßt und von einigen anderen seines Gefolges ... bekränzt mit einem dicken Kranz von Efeu und Violen, und Bänder in großer Menge auf dem Kopf«* (S. 240 f.), steht er in der Tür und begrüßt die Anwesenden: *»Ihr Männer, seid gegrüßt! Ihr werdet doch jetzt einen schon tüchtig trunkenen Mann zum Mittrinker aufnehmen«* (S. 241). Er bekränzt Agathon und Sokrates mit seinen Bändern, bemerkt die Nüchternheit der Männer – *»das ist euch nicht zu gestatten, sondern ihr müßt trinken; denn darüber sind wir eins geworden. Zum Vorsitzer nun beim Trunk erwähle ich, bis ihr genug getrunken habt, mich selbst«* (S. 242). Die anderen protestieren, wollen heute nicht *»wie durstige Leute hinuntertrinken«* (S. 242) und fordern Alkibiades auf, nun seinerseits eine Lobrede auf den Eros zu halten. Dieser aber, berauscht und begeistert, hält eine Lobrede auf Sokrates, von welcher alle – trotz allem Sport – bemerken, daß es eine Liebeserklärung an ihn ist. Unter den Vorzügen des Sokrates vergißt er nicht zu erwähnen, daß er ein großer Genießer sei und im Trinken alle übertreffe, und, *»was das Wunderbarste ist, niemals hat irgend jemand den Sokrates trunken gesehen«* (S. 247). Dem Satyr Marsyas gleiche er von Gestalt und Ansehen; aber was Satyrn und Silene mit ihrem Flötenspiel bewirkten, richte er *»durch bloße*

Worte« aus: »*alle sind wir wie außer uns und ganz davon hingerissen*« (S. 243).

Naturdrogen am Amazonas

Das drogenreiche Amazonasbecken ist die nächste Station unserer Kultur-Reise. Unser kundiger Führer zu den Waldindianerstämmen, die hier leben, ist Andrew Weil, Journalist, Arzt, Pharmakologe, Ethnobotaniker und beamteter Drogenexperte in den USA. Er berichtet über die Beobachtungen und Erfahrungen, die er Mitte der sechziger Jahre gesammelt hat. Er habe dort Gesellschaften angetroffen, die »*freizügig Drogen gebrauchen, um das Bewußtsein zu verändern, die aber offenbar keine Probleme damit haben*« (Weil 1974, S. 76f.). Drogen führen bei ihnen nicht zu antisozialen Verhaltensweisen oder Selbstzerstörung. Als Begründung führt Weil an, daß die Indianer Drogen in natürlicher Form zu sich nehmen, also als natürliche, nicht als synthetisierte und potenzierte Substanzen, und in natürlicher, oraler Rezeption, nicht ungestüm und schockartig wie bei der Injektion. Das Bedürfnis nach periodischer Bewußtseinsveränderung gilt ihnen als normal. Die heranwachsenden Kinder werden deshalb von den Drogen nicht ferngehalten, sondern vom Medizinmann in den rechten Gebrauch eingeführt. Aufgrund seiner Erfahrungen und seines Wissens ist er der anerkannte Experte. Der wesentlichste Punkt aber scheint zu sein, daß die Amazonas-Indianer ihren Umgang mit Drogen außerordentlich *ritualisieren:* »*Jeder Schritt in diesem Prozeß, vom Schneiden der Pflanzen bis zur Einnahme der vorbereiteten Drogen, wird von den Indianern in*

traditioneller, sorgfältiger, oft kunstvollerWeise ausge-
führt« (S. 81).

Weil zitiert den Bericht eines jungen, von den Ama-
huaca-Indianern gefangen genommenen Peruaners.
Dieser beschreibt, wie der Medizinmann des Stammes
ayahuasca zubereitet, ein stark halluzinogenes Getränk,
das aus den Stengeln einer holzigen Kletterpflanze (Bani-
steriopsis caapi) und den Blättern eines Strauches (wahr-
scheinlich Prestonia amazonica) gewonnen wird:

*» ... die ernsthaften Vorbereitungen begannen, von
fast ununterbrochenem Singen begleitet. Erst wurden
die Stengel mit einer Steinaxt in etwa 3o Zentimeter
lange Stücke zerhackt und auf einem flachen Stein mit
einem großen hölzernen Schlegel zerstoßen, bis sie gut
zerkleinert waren.*

Der alte Mann sang:

Nixi honi [d. h. Rebe, deren Extrakt Visionen erzeugt],
Rebe der Visionen,
weissagender Waldgeist,
Ursprung unseres Verstehens,
übergib deine magische Kraft
unserem Zaubertrank,
erleuchte unseren Geist,
bring uns weise Voraussicht,
zeig uns die Pläne unserer Feinde,
entfalte unser Wissen,
entfalte unser Verstehen
unseres Waldes.

*Eine Schicht zerstoßener Rebenstücke legte er dann
sorgfältig auf den Boden eines großen, neuen Tontopfes.*

»Für die Herstellung von Ayahuasca oder Caapi muß die
frisch geschälte Rinde kräftig
zerstoßen werden, bevor sie in
Wasser gekocht oder in kaltem
Wasser tüchtig geknetet wird.«

*Die Indianer »tan-
zen in Reihen; die
komplizierte Schritt-
folge ist vom Geklap-
per der Kürbisse be-
gleitet«.*
(Schultes/Hofmann
1980, S. 122 f.)

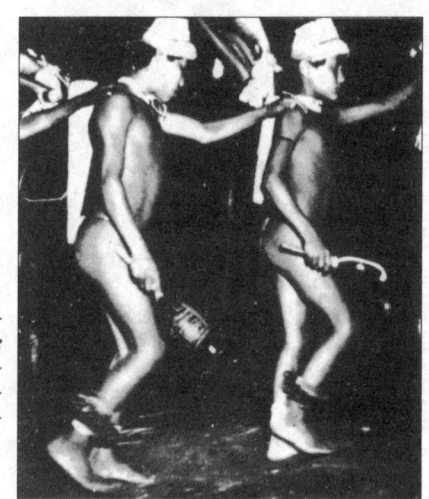

Darüber breitete er eine Schicht Blätter fächerförmig aus. Und während er das tat, sang er:

> *Busch mit dem Zeichen der Schlange,*
> *gib uns deine Blätter*
> *für unseren Zaubertrank,*
> *bring uns die Gunst der Riesenschlange,*
> *Quelle des Glücks.*

Abwechselnd wurden Schicht auf Schicht zerstoßene Reben und Blätter eingelegt, bis der Topf mehr als halb voll war. Dann wurde er mit frischem Wasser aus dem Fluß aufgefüllt, bis die Pflanzen gut bedeckt waren.

Unter dem Topf wurde ein kleines Feuer gemacht, und dann wurde das Ganze viele Stunden lang auf sehr schwacher Hitze am Kochen gehalten, bis die Flüssigkeit auf weniger als die Hälfte eingedickt war.

Als das Kochen beendet war, wurde der Topf vom Feuer genommen, und nach dem Auskühlen wurde die Pflanzenmasse von der Flüssigkeit getrennt. Nach mehreren Stunden weiteren Kühlens und Ablagerns wurde die klare, grüne Flüssigkeit vorsichtig in kleine Tongefäße abgegossen, die fest mit einem Deckel zu verschließen waren. Der ganze Vorgang dauerte drei Tage, und alles wurde mit äußerster Ruhe und Behutsamkeit ausgeführt. Jeder Schritt war von ununterbrochenem Singen begleitet, das den Geist der Rebe, des Strauches und die anderen Waldgeister beschwor. Dieser sorgfältig und ehrfürchtig zubereitete Extrakt lieferte den Zaubertrank für viele nachfolgende ayahuasca-Sitzungen in der friedlichen, abseits gelegenen Waldlichtung, Sitzungen, die zu unglaublichen, phantastischen Visionen führten« (Weil 1974, S. 81 f.).

Wie ein Ordnungsgefüge umgibt dieses Ritual den Gebrauch von Drogen und beschützt die Individuen und die Gruppe vor negativen Wirkungen. Und noch etwas scheint wichtig. Die Indianer benutzen die Drogen nicht negativ, nicht gegen etwas, nicht gegen Langeweile, Kummer oder Ekel, sondern in einem Sinn, der ihnen – wie die Begegnung mit der außergewöhnlichen Realität der Götter – tief positiv und wertvoll ist.

Die Kunst des Opiumrauchens

Der volle Name unseres dritten Gewährsmannes lautet Abu'l Qâsem Sâheb ben Haddschi Mohammad Bâqer Tâdscher Yazdi. Er verfaßte 1898 einen etwa fünfzigseitigen *»Traktat für Opiumraucher«* in persischer Sprache, in welchem Verse, Prosa, philosophische Betrachtungen und praktische Anweisungen sich mischen.

In seinen Erläuterungen teilt Gelpke (1982, S. 49ff.) mit, daß Opium im Orient am Hof und in der Oberschicht seit altersher gegessen oder getrunken wurde. Erst seit dem 17. Jahrhundert wurde es auch geraucht und verbreitete sich zu einer allgemeinen Volkssitte. Daneben fand es schon lange Verwendung als schmerzlinderndes Betäubungsmittel.

»Im Namen Allahs, des Barmherzigen, des Erbarmers. Preis sei Allah, dessen Macht das Opium schuf, und dessen Kraft es die Krankheiten heilen läßt...« So beginnt Yazdis Traktat (ebd., S. 51). Er ist Ausdruck eines ganz anderen Verhältnisses zu Rausch und Ekstase, als es uns geläufig ist. Im Orient gilt der Rausch traditionell als das bedeutendste Mittel, *»die Grenzen*

der Scheinwelt aus Zeit und Raum überschreiten und jenseits davon, gleichsam über der Wolkendecke, an der Sonnenwelt des Ewigen Augenblicks teilhaben zu können« (S. 52). »Flucht« ist deshalb im orientalischen Selbstverständnis nicht, wie im westlichen, alles was von der Außenwelt und von Aktivität abhält, sondern umgekehrt, gerade der Tatmensch verfehlt die wirkliche Wirklichkeitserfahrung, den »Weg nach innen« (S. 54).

Soll aber der Rausch diesen Weg öffnen, durch Distanz und richtige Dosierung Süchtigkeit vermeiden, soll er wirklich integriert sein in das Leben, so ist Opiumrauchen als eine *Kunst* zu betreiben. Abu'l-Qâsem Yazdi sagt:

»Mindestens eine Stunde, ehe man zu rauchen anfängt, sollen die Vorbereitungen getroffen werden; dazu gehören: der Raum soll sauber und aufgeräumt sein; Kohlenbecken, Samowar, Wasser- und Opiumpfeife, Feuerzange, Teetassen, Tabak und Zucker müssen in reinlichem Zustand und möglichst guter Qualität (es werden verschiedene Sorten diskutiert), jedes an seinem vorbestimmten Platz griffbereit sein; ebenso natürlich das zu Pillen (habb) zerkleinerte Opium selbst: 24 Erbsen (nâchod) ergeben 1 mesqâl (= ca. 5 g). Hinsichtlich der Frage, wieviele Erbsen eine Pille umfassen solle, sind

»Alles, was zum Opiumritual unerläßlich ist, steht zusammen: der Samowar mit der Teekanne, die Teetassen sowie Süßigkeiten und natürlich die Opiumutensilien; die Pfeifen, das Kohlebecken mit der glühenden Kohle, Feuerzange, Opiumnadel und -zange und ein Taschenmesser zum Zerkleinern des Opiums. In den Einlegekästchen kann man sowohl Opium als auch Süßigkeiten aufbewahren.« (Völger 1981, S. 483)

sich die Theologen der Opiumpfeife uneins: die Angaben variieren von mindestens 2 bis höchstens 8 nâchod. Es gilt als verpönt, allein zu rauchen; denn ist der Raucher allein, steht zu befürchten, daß ihm die Dämonen Gesellschaft leisten. Ebenso soll man nicht unter Fremden und Nichtrauchern rauchen. In gemischter Gesellschaft müssen die Nichtraucher symbolisch wenigstens eine Pille mitrauchen. Als ideal aber gilt ein kleiner, in sich geschlossener Freundeskreis. Verboten sind ferner: Rauchen an windigem, schmutzigem oder dunklem Ort; in Gesellschaft eines Tadlers; Sprechen während des Rauchens – und insbesondere, wenn das Opium am Pfeifenkopf zischt; Trinken von abgestandenem, zu schwachem, lauwarm oder kalt gewordenem Tee.

Gebote: Raucher soll bei Besuchen in fremden Häusern sein eigenes Opium mitführen und rauchen – es sei denn, er werde vom Hausherrn ausdrücklich eingeladen; bedürftige oder in Not geratene Raucher, die weder Opium noch Geld mehr besitzen, müssen von anderen Rauchern unterstützt werden. Regeln: Anwärmen des Pfeifenkopfs (aus Porzellan) vor Gebrauch; Abbruch des Gesprächs, wenn Opium zu brutzeln beginnt; Gefäß unter Pfeifenkopf stellen, damit fallende Funken Raucher nicht beunruhigen oder ablenken; der Rauch soll möglichst tief eingezogen und möglichst lange behalten, der Rest stoßweise durch die Nase entlassen werden; Raucher soll 3 Pillen hintereinander rauchen, anschließend heißen Tee trinken, Wasserpfeife rauchen, die Augen halb schließen, sich zurücklehnen und wach-träumen – auch dann soll er sich möglichst schweigend verhalten und höchstens auf zehn Worte ein einziges langsam antworten« (Gelpke 1982, S. 58 f.).

Der Teeweg als Lebenshaltung

Unsere vierte und letzte Station führt uns wiederum, wie schon die erste, zu einer bekannten und alltäglichen Droge. Sie gilt als vergleichsweise harmlos, vielleicht auch, weil nur wenige wissen, daß sie in starker Konzentration ebenfalls berauschende Wirkung zeitigt.

Tee wird auch bei uns nicht wild, sondern in einem mehr oder weniger entwickelten Zeremoniell getrunken. Zu einer Kunst haben wir es darin wohl nicht gebracht, wie der Vergleich mit dem japanischen Beispiel lehrt. Die Teezeremonie, ursprünglich aus China stammend, wurde etwa um 1200 nach Japan gebracht und dort zunächst in den Zen-Klöstern aufgenommen und ausgeübt. Der Adel bemächtigte sich sodann dieses Brauchs und benutzte ihn zu großer Prachtentfaltung. Eine Wende brachte im 16. Jahrhundert der Teemeister und Zen-Philosoph Seno-Rikyu: eine Hinwendung zum Einfachen, Stillen, zum Weglassen alles Überflüssigen. Jede, auch die kleinste mit dem Teezeremoniell verbundene Handlung war mit der größten Sorgfalt und mit äußerster Konzentration auszuführen. So wurde die Teezeremonie zu einem Weg der Meditation, der Reinigung, der zur Ehrfurcht vor dem Seienden, zur Harmonie mit der Umwelt, und zu jener Stille führt, die »*das völlige Freisein (ist) von aller kleinlichen Angst, von jedem Verhaftetsein an Nichtiges*« (Staufenbiel 1981, S. 581).

Die Teezeremonie, *cha-no-yu,* wörtlich »Tee und heißes Wasser« (ebd., S. 576), dauert für drei Gäste nicht weniger als vier Stunden. Für alle Gäste wird nur eine einzige Schale Tee zubereitet. Sie wird herumgereicht und gemeinsam geleert; so zeigen sich die Gemeinsamkeit und die innere Verbundenheit der Anwesenden. Das Zeremoniell variiert je nach Jahreszeit. Eine Sommerzeremonie nimmt etwa folgenden Verlauf:

»Nachdem sich die Gäste in einem kleinen Warteraum versammelt haben, fordert sie der Gastgeber auf, den Teeraum zu betreten. Ein verwinkelter Pfad führt die Gäste zu einem moosbewachsenen Steinbecken mit klarem, reinem Wasser. Der frisch gesprengte Gartenweg, auf dem die Wassertropfen wie Morgentau glänzen, soll den Eindruck eines einsamen Gebirgspfades erwecken. Die Gäste lassen auf diesem Pfad die Welt des Alltags hinter sich und betreten eine eigene, in sich abgeschlossene Welt voller Frieden und Harmonie. Der letzte Staub des Alltags wird symbolisch am Wasserbecken abgewaschen, und die Gäste betreten den winzigen Teeraum. Dieser Raum ist von einer kunstvollen Einfachheit und Leere. Keine laute Farbe stört die Harmonie der einfachen Natürlichkeit, sogar die Blumen sind sparsam und zurückhaltend arrangiert. Den ruhigen Farben entspricht die Stille im Raum. Lediglich das Wasser im Kessel siedet, und das Geräusch erinnert an das sanfte Rauschen des Windes in den Pinien. Die Gäste betrachten die wenigen Geräte im Raum, die die Patina eines hohen Alters und des häufigen Gebrauchs zeigen. Zuerst reicht der Gastgeber eine kleine, aber kunstvoll zusammengestellte Mahlzeit, kaiseki.

Kaiseki, wörtlich: heißer Stein in der Brusttasche, erinnert daran, daß sich die Zen-Mönche bei der Wintermeditation zum Schutz vor der schlimmsten Kälte einen erwärmten Stein in die Brustasche legten. So soll dieses Mahl nicht üppig sättigen, sondern eben vor dem

Die Teezeremonie. »Sie hat derartig zur Ausformung der japanischen Kultur beigetragen, daß man sie auch das Herz der japanischen Kunst nennt. – Nachdem heißes Wasser für den Tee in die Teeschale gegeben wurde, hält der Teemeister die Schöpfkelle beim Ablegen auf den Wasserkessel so, wie der Samurai den Pfeil hält, bevor dieser vom Bogen abschnellt.« (Völger 1981, S. 578 f.)

Hunger schützen, damit man sich ganz dem Tee widmen kann. Nun erneuert der Gastgeber das Holzkohlenfeuer unter dem Wasserkessel und entläßt die Gäste zu einer Pause in den Garten. In dieser Pause ordnet er den Raum neu. Die Blumen werden durch eine Hängerolle mit einer Zen-Kalligraphie ersetzt und das ohnehin schon gedämpfte Licht durch Bambusrouleaus vor den Papierfenstern weiter verringert: Ein Gong ruft die Gäste in den Teeraum zurück, in dem nun in äußerster Konzentration und Stille auf meditative Weise der Tee bereitet wird. Zunächst trägt der Gastgeber das Teege-

rät in den Raum, um es dann mit genau vorgeschriebenen Bewegungen zu reinigen. Er bereitet nun für alle Gäste zusammen eine einzige Schale Tee, die sie nacheinander austrinken, um so ihre Zusammengehörigkeit zu zeigen. Das Teegerät wird erneut gereinigt, und die Gäste haben Gelegenheit, die einzelnen Stücke zu betrachten, bevor alles wieder hinausgetragen wird. Eine zweite, weniger strenge Zeremonie, bei der jedem Gast einzeln, wenn auch in einer einzigen Schale, der Tee bereitet wird, schließt die Zusammenkunft ab.« (Staufenbiel 1981, S. 576f.)

Den inneren Weg, den diese Zeremonie ermöglicht und eröffnet, den Teeweg, schildert der Teemeister Takuan wie folgt: *»Man lege Holzkohle auf, hänge einen Kessel darüber, ordne Blumen an und bereite das Teegerät vor … Wir erfreuen uns an den Landschaften der Jahreszeiten, des Schnees, des Mondes und der Blumen, erleben die Zeiten des Blühens und Verwelkens an den Gräsern und den Bäumen und lassen, unsere Gäste begrüßend, Ehrfurcht walten. Wir lauschen dem Wasser im Kessel, vergessen die Sorgen und Kümmernisse der Welt … und spülen allen Staub von unseren Herzen. So wohl ist hier wahrhaftig das Gefild heiliger Einsiedler unter den Menschen … Somit erfreue man sich an der natürlichen Harmonie von Himmel und Erde. Man schöpfe aus dem Quell von Himmel und Erde und verspüre im Munde den Geschmack des Windes. Ist das nicht gewaltig! Die Freude an dem Geist der Harmonie von Himmel und Erde, das ist der Weg des chanoyu«* (ebd., S. 581).

Elemente einer gemeinen Drogenkultur

Über die gemeine Drogenkultur an vier fremden Orten haben wir Berichte gehört. Es sind ausgewählte Berichte, eindrucksvoll und faszinierend, aber doch nur vier von vielen. Ebensogut hätte uns die Reise zu den traditionellen Kaffee-Ritualen in der Urheimat des Kaffees, nach Äthiopien führen können (vgl. Völger 1981, S. 492f.) oder zu den Qat-Sitzungen im Jemen (ebd., S. 499) und zu den Kawa-, den »Rauschpfeffer«-Runden in Polynesien (ebd., S.194). Wir könnten die soziokulturelle Tradition des Cannabis in Indien studieren, aber auch die Anweisungen zum rechten Haschischgebrauch, die die Subkultur auch hierzulande längst entwickelt hat (vgl. Steckel 1969, S. 132ff.; Quensel 1982, S. 88 ff.). Wir könnten uns über den Theng'eta-Kult in Kenia belehren lassen (vgl. Ngugi 1981, S. 281 ff.) und versuchen zu verstehen, wie tief verwurzelt Coca in der Religion, Arbeit und Medizin der südamerikanischen Indianer, wie sehr es Bestandteil traditioneller indianischer Lebensweise ist (vgl. Völger 1981, S. 428 ff.). Auch die *Kleine Anleitung zum Gebrauch von halluzinogenen Drogen*« von Olvedi (1972, S.197ff.) gehört hierher. Und bei jenen Gruppen in den USA und in Europa wäre vorzusprechen, deren Mitglieder über acht, zehn und fünfzehn Jahre regelmäßig, kontrolliert und nicht abhängig Heroin nehmen, weil ihnen Regeln und Riten sicheren Genuß gewähren – ein wenig bekanntes Faktum, das nicht gern zur Kenntnis genommen wird; zu viele Drogen-Legenden geraten dann ins Wanken (vgl. Völger 1981, S. 694 ff.). Und Drogenkultur sind schließlich auch jene Anweisungen zum formvollendeten Tabakschnupfen aus der Tabatiere. Sie stammen aus der Mitte des 18. Jahrhunderts und umfassen vierzehn Einzelschritte. Die letzten sechs lauten in moderner Übersetzung: *»Nehmen Sie den Tabak behutsam mit der rechten Hand. Halten Sie den Tabak eine zeitlang zwischen den Fingern, bevor Sie ihn zur Nase führen. Führen Sie den Tabak zur Nase. Schnupfen Sie gleichmäßig mit beiden Nasenlöchern, ohne dabei eine Grimasse zu schneiden. Niesen, husten, speien Sie aus. Schließen Sie die Tabatiere«* (Schivelbusch, in: Völger 1981, S. 222).

Das ist gewiß eine bunte Reihe. Und doch haben diese Vorgänge in all ihrer Vielfalt und Verschiedenartigkeit ein Gemeinsames: sie sind gemeine Drogenkultur. Sie zeigen uns in immer neuen Varianten, daß und wie mit Drogen nicht problematisch, sondern in gemeiner, autonomer und kundiger Form umgegangen werden kann. *Gemein* ist dieser Umgang, weil Drogenkultur ihrem Wesen nach nicht solipsistisch ist, sondern ein soziales Ereignis, das alle Beteiligten angeht und von allen ausgeht und bei welchem der Einzelne fest eingebettet ist in eine vertraute und verläßliche Gemeinschaft. *Autonom* ist dieser Umgang, weil er weder durch Verbot noch durch Anheimfallen fremdbestimmt erfolgt, sondern sich nach erfahrungsgeleiteten, selbstgesetzten Regeln richtet. *Kundig* ist dieser Umgang, weil er auf einem Wissen um die Lust und Last der Drogen beruht. Krankheit und Tod können sie bringen, aber auch den Weg öffnen, der herausführt aus unserer normalen Wirklichkeit, aus unseren sozialen Rollen, unserer Alltagsidentität, und hinüber in Zustände und Wirklichkeiten, die so faszinierend sind und schwer zu beschreiben: ewiger, erfüllter Augenblick, in welchem die Einheit und Soheit der Welt glückselig erlebt wird (vgl. Legnaro 1975, S.199ff.).

Darin aber scheint der tiefste Sinn gemeiner Drogenkultur zu liegen, daß die Ausfahrt, die Grenzüberschreitung, daß gerade eine Kultur der Grenzgängerei der *inneren Ordnung* bedarf. Im Rahmen gemeiner Drogenkultur ist der Gebrauch von Drogen nicht aus Zeit und Raum hinaustabuisiert. Vielmehr hat er in beidem seinen klaren und umgrenzten Ort. Man versammelt sich an einer besonderen Stelle und umgibt sich mit dem rechten Raum und schönem Gerät. Der gemeinsame Drogengebrauch hat einen Anfang und ein Ende. Und er läuft selbst nach einer inneren Ordnung ab, die aus Erfahrungen hervorgegangen und deshalb nicht beliebig ist und mit der Zeit zur Zeremonie, zum Ritus sich verdichtet hat. Diese innere Ordnung und ihre äußere Form, das Ritual – sie sind es, welche anleiten zum rechten Gebrauch der Droge und bewahren vor Unheil und Zerstörung. In allen gemeinen Drogenkulturen obliegt es deshalb dem Kundigen, die Unerfahrenen in diese Ordnung einzuführen.

Neuere kulturgeschichtliche Untersuchungen haben eindrucksvoll gezeigt, wie sich in Europa im Übergang vom Mittelalter zur Neuzeit das Verhältnis zu Rausch und Drogengenuß verändert hat (vgl. Völger 1981, bes. S. 52ff., S. 64 ff., S. 86 ff.). Aus dem freudig-ungezügelten Genuß wird der gemäßigte, beherrschte; die Nüchternmacher Kaffee, Tee und Tabak treten auf – insgesamt ein Vorgang, der eng zusammenhängt mit dem *»Prozeß der Zivilisation«* (Elias 1980) und der Herausbildung des berechenbaren bürgerlichen Sozialcharakters. Diese Ergebnisse könnten nun das Mißverständnis nahelegen, ein maßvoller Genuß von Drogen sei allein ein Produkt dieser neuzeitlichen Sozialdisziplinierung. Das ist jedoch sicher nicht der Fall. Vielmehr zeigen alle Drogenkulturen diese Struktur einer inneren Ordnung, die auf Selbstbegrenzung zielt. Ihr Innerstes aber ist der Rhythmus. Denn der Drogengebrauch ist Grenzgang zwischen Zivilisation und Wildnis, nicht Auswanderung. Nicht indem wir ein anderer werden und bleiben, erfahren wir, wer wir sind, sondern indem wir die Grenzen unserer gewohnten Lebenswelt überschreiten, um als Veränderte zurückzukehren. *Wer mit Bewußtsein innerhalb des Zaunes leben wollte, der mußte zumindest einmal im Leben diese Einfriedung verlassen haben* (Duerr 1978, S. 82). Aber dieser Tod unserer kulturellen Natur ist Durchgang, nicht Endpunkt. *Nur zu Zeiten erträgt göttliche Fülle der Mensch* (Hölderlin).

Und dies unterscheidet Drogenkultur von der Sucht. Sucht ist ein Versuch, Genuß, Rausch, Ekstase auf Dauer zu stellen, den außergewöhnlichen Zustand zu fixieren, ihn seiner Vergänglichkeit zu entreißen. Dieser Versuch muß scheitern. *Music comes and goes; don't try to keep it*, sagt die schöne schwarze Sopranistin in *Diva*. Vergänglichkeit, so belehrt auch Professor Kuckuck den Marquis de Venosta alias Felix Krull im Speisewagen nach Lissabon, sei nichts Erschreckendes. Was den Homo sapiens auszeichne vor aller anderen Natur sei *das Wissen von Anfang und Ende. (...) Fern davon nämlich, daß Vergänglichkeit entwerte, sei gerade sie es, die allem Dasein Wert, Würde und Liebenswürdigkeit verleihe. Nur das Episodische, nur was einen Anfang habe und ein Ende, sei interessant und errege Sympathie, beseelt wie es sei von Vergänglichkeit«* (Thomas Mann 1957, S. 318).

Durch Rhythmus, innere Ordnung und Ritual gibt uns die gemeine Drogenkultur Orientierung und Halt im Umgang mit Drogen: unserem Wollen, indem sie den Drogengebrauch einbettet in eine Verständigung über das rechte Leben, über Lebensziele und Lebensformen und über die Rolle, die Drogen darin zukommen kann; unserem Wissen, indem sie aus Erfahrung gewonnene und tradierte Kenntnisse über Wirkungsweise, Vorzüge und Nachteile der Drogen bereit hält; unserem Fühlen, indem sie uns Sicherheit gibt in der gleichzeitig bejahenden und scheuen Achtung der Droge und uns so vor unbegriffener Angst und Faszination, vor dämonisierender Anbetung und Verteufelung gleichermaßen bewahrt; schließlich unserem Handeln, indem sie Regeln entwickelt und weitergibt, die aus Erfahrung und Bewährung als bedeutsam anerkannt und geachtet sind und uns sagen, welche Droge in welcher Dosis, wann, wo und mit wem bekömmlich ist oder nicht.

Gemeine Drogenkultur und die herrschende Drogenpolitik sind sehr verschieden. Ist diese das widersprüchliche Resultat aus Marktimperativ, Prohibition und Drogenerziehung, so hat jene ihre eigene Ordnung. Sie beruht weder auf Verbot noch auf Verführung. Sie enteignet nicht Individuum und Gemeinschaft, indem sie ihnen Wissen, Bewertung und Entscheidung nimmt, sondern sie gibt ihnen Autonomie, Teilhabe und Selbstverantwortung. Auf diese Weise verhindert eine existierende Drogenkultur sowohl, daß Menschen blind und unwissend in etwas hineinstolpern, worauf sie nicht vorbereitet sind und dessen Konsequenzen sie nicht ermessen können, wie sie auch eine Alternative darstellt zur prohibitiven Ausgrenzung des Drogengebrauchs mit all ihren sozialen Konsequenzen.

Aber haben wir in unserem Lande eine gemeine Drogenkultur? Im Sinne des gemeinen, autonomen und kundigen Umgangs mit Drogen sicher nicht. Das Drogen-Problem existiert nicht, *weil* es eine Drogenkultur gibt, sondern weil es *keine* gibt oder jedenfalls keine entwickelte. Tatsächlich sind der Marktimperativ, die Prohibition und eine angehängte Drogenerziehung der Entwicklung und Existenz einer solchen Kultur nicht günstig. Sie läuft ja den Interessen, welche jene transportieren, ganz zuwider. Und vielleicht sind Markt, Prohibition und Erziehung bei uns schon viel zu stark, zu etabliert und haben viel zu viele Nutznießer, als daß sich neben ihnen oder gegen sie eine neue Kultur entwickeln könnte.

Auf der anderen Seite existiert eine solche Drogenkultur doch, wenn auch nur in Ansätzen und Bruchstücken. Sie hat nämlich mit der Drogenpolitik auch gemeinsame Bestandteile: mit dem Markt die Zugänglichkeit und freie Entscheidung; mit der Prohibition, daß sie die schädlichen Folgen zu vermeiden trachtet; mit der Drogenerziehung die Einführung in die Regeln des rechten Gebrauchs. Sie kann auch Elemente aufnehmen, die sich im Umgang mit den legalen Drogen bei uns herausgebildet haben und zur Tradition geworden sind (auch wenn der Marktimperativ hier immer wieder in die Quere kommt). Und sie kann sich schließlich auf jene Ansätze stützen, die die Drogensubkultur hervorgebracht hat, jene »Teil-Kultur«, die beispielsweise *»sehr wohl mit Cannabis umgehen kann und in der – ähnlich wie beim Alkohol – Regeln für den Umgang mit dieser Droge deren Gefahren erheblich begrenzen können«* (Quensel 1982, S. 88). Denn es ist ja jene Teil-Kultur, die wirklich über Drogenerfahrung verfügt, die lustvollen und die bitteren, und die deshalb auch einen sehr klaren Begriff von dem hat, was *»Drogenmiß-brauch«* ist (vgl. Gerdes/v. Wolfersdorff-Ehlert 1974, S. 124ff., S. 288ff.). Freilich, eine gemeine Drogenkultur kann sich auch hieraus nur sehr unvollkommen entwik-keln. Zu sehr ist die Drogensubkultur Objekt der Dro-genpolitik; zu sehr wird sie bedrängt, verfolgt, be-kämpft – zerrieben zwischen Markt und Prohibition.

Aber wenn es gemeine Drogenpolitik bei uns auch nur in Ansätzen gibt, nur in Spuren und Bruchstücken, so ist das doch nicht *nur* ein Schaden. Nicht nur ein Widersinn, sondern eine Anti-Utopie, ein Horror-Trip wäre Drogenkultur als Programm, als Verordnung, als Strategie von oben. Das wäre das Soma-Programm der *»Brave new World«*. Niemand darf deshalb darauf hof-fen, Drogenkultur zur herrschenden Politik zu machen. Nur als in Ruhe gelassene Vielheit ist sie denkbar, besser noch als jenes Recht auf Ungezogenheit, das wir uns nehmen.

Literatur

Bockhofer, Reinhard: Entscheidungshilfe und Leitfaden für den autobiographischen Bericht von H. Rieck/K. Hermann/Christiane F.: »Wir Kinder vom Bahnhof Zoo« im Unterricht der Sekundarstufe I (Klasse 8–10), o. O. o. J. (Hamburg 1980)

Bossong, Horst, Chr. Marzahn, S. Scheerer (Hg.): Sucht und Ordnung. Drogenpolitik für Helfer und Betroffene, Frankfurt/M.1983.

Bundeszentrale für Gesundheitliche Aufklärung: Alltagsdrogen und Rauschmittel, Köln 1975.

Diess.: Alkohol, einmal anders gesehen, Köln 1978.

Diess.: Infoset Drogen, o. O.1980.

Deutsches Wörterbuch von Jakob Grimm und Wilhelm Grimm, Leipzig 1897.

Duerr, Hans Peter: Traumzeit. Über die Grenze zwischen Wildnis und Zivilisation, Frankfurt/M.1978.

Elias, Norbert: Über den Prozeß der Zivilisation. Soziogenetische und psychogenetische Untersuchungen, 2 Bde. , Frankfurt / M. 1980 (zuerst 1939).

Gelpke, Rudolf: Vom Rausch im Orient und Okzident. Frankfurt/M.1982 (zuerst Sturtgart 1966).

Gerdes, Klaus, Christian von Wolffersdorff-Ehlen: Drogenscene. Suche nach Gegenwart. Ergebnisse teilnehmender Beobachtung in der jugendlichen Drogensubkultur, Stuttgart 1974.

Homann, Ulf: Das Haschischverbot. Gesellschaftliche Funktion und Wirkung, Frankfurt/M.1972.

Huxley, Aldous: Schöne neue Welt. Ein Roman der Zukunft, Frankfurt/M. 1980, (zuerst 1932).

Illich, Ivan: Vom Recht auf Gemeinheit, Reinbek 1982.

Josuttis, Manfred: Unbeholfene Überlegungen zu einer alternativen Drogenpolitik, in: Gisela Völger (Hg.): Rausch und Realität. Drogen im Kulturvergleich, Köln 1981, S. 732–736.

Kretschmann, Detlef: Jugendalkoholismus. Anmerkungen, Fragen und Perspektiven zu einem Problem, in: Neuer Rundbrief 3/4,1979, S.10–12.

Langbein, Kurt, u. a.: Gesunde Geschäfte: Die Praktiken der Pharma-Industrie, Köln 1981.

Legnaro, Aldo: Drogen und soziokultureller Wandel, Diss. Köln 1975.

Lübker, Friedrich (Hg.): Reallexikon des classischen Altertums, Leipzig 1855.

Mann, Thomas: Die Bekenntnisse des Hochstaplers Felix Krull, o.O.1957, S. Fischer (= Stockholmer Gesamtsausgabe Bd. IX).

Marzahn, Christian: Linke Pädagogik als Mäßigkeitsbewegung. In: Beck, Johannes und Heiner Boehnke (Hg.): Jahrbuch für Lehrer 7.

Ders.: Selbstkritik der pädagogischen Linken, Reinbek 1982, S. 34–43.

Ngugi wa Thiong'o: Verbrannte Blüten. Petals of Blood. Wuppertal 1981 (zuerst London 1977).

Nilson-Giebel, Margareta: Drogenerziehung – Erziehung wozu? in: Gisela Völger (Hg.): Rausch und Realität. Drogen im Kulturvergleich, Köln 1981, S.738–741.

Olvedi, Ulli: LSD-Report, Frankfurt/M.1972.

Orwell, George: Neunzehnhundertvierundachtzig, Zürich [22]1974 (zuerst 1948).

Pieroth, Kuno F. : Das große Buch der deutschen Weinkultur, München 1980.

Platon: Symposion, in: Platon. Sämtliche Werke. In der Übersetzung von Friedrich Schleiermacher, hg. von W.F. Otto, Bd. II, Reinbek 1957, S. 201–250.

Quensel, Stephan: Drogenelend. Cannabis, Heroin, Methadon: Für eine neue Drogenpolitik, Frankfurt/M.1982.

Scheerer, Sebastian: Über die Erfindung des helfenden Zwangs, in: links 127/ 128,1980, S. 26ff.

Ders.: Ordnungspolitik gegen Fixer: mögliche Nebenwirkung Tod? in: H. Bossong u. a. (Hg.): Sucht und Ordnung. Drogenpolitik für Helfer und Betroffene, Frankfurt/M.1983, S.14–21.

Schivelbusch, Wolfgang: Das Paradies, der Geschmack und die Vernunft. Eine Geschichte der Genußmittel, München 1980.

Schmejkal, Maria: Pädagogisches Beiheft zum Stern-Buch: Christiane F. Wir Kinder vom Bahnhof Zoo. O. O. o. J. (Hamburg 1980).

Schultes, Richard Evans, Albert Hofmann: Pflanzen der Götter. Die magischen Kräfte der Rausch- und Giftgewächse, Bern/Stuttgart 1980.

Staufenbiel, Gerhardt: Die Teezeremonie in Japan, in: Gisela Völger (Hg.): Rausch und Realität. Drogen im Kulturvergleich, Köln 1981, S. 576–581.

Steckel, Ronald: Bewußtseinserweiternde Drogen. Eine Aufforderung zur Diskussion, Berlin (West) 1969.

Szasz, Thomas S.: Das Ritual der Drogen, Frankfurt/M.1980, (zuerst New York 1974).

Völger, Gisela (Hg.): Rausch und Realität. Drogen im Kulturvergleich, 2 Bde., Köln 1981 (als Taschenbuch: 3 Bde., Reinbek 1982).

Vogt, Irmgard: Jugendlicher Drogenkonsum und Präventionsmaßnahmen – Wie wichtig sind Drogencurricula? in: Neue Praxis 3,1978, S. 269–291.

Weil, Andrew: Das erweiterte Bewußtsein. Therapie in eigener Sache, Stuttgart 1974 (zuerst Boston 1972).

Dieser Beitrag wurde zuerst in dem Band *Johannes Beck u.a., Das Recht auf Ungezogenheit, Reinbek bei Hamburg 1983* veröffentlicht. Abdruck mit freundlicher Genehmigung des Rowohlt Taschenbuch Verlages.

Drogen-Kultur als Bildung des Geschmacks

*Vorbemerkungen, mit denen wir das Zurückblei-
ben eines Textes hinter der Kühnheit des Entwurfs
entschuldigen, gehören zum rhetorischen Reper-
toire wissenschaftlicher Produktion. Manchmal jedoch bezeichnen sie einen wirklichen Tatbestand,
beispielsweise die Einschränkung unserer routinier-
ten Arbeit durch eine schmerzliche Erinnerung an
die »Leibhaftigkeit menschlicher Existenz«. So hier.*

Jedes Kind weiß, jedenfalls sofern es jemals »Winnie-
the-Pooh« oder »Pu der Bär« oder »Winni ille Pu« oder
eine der anderen Übersetzungen gelesen hat – jedes
Kind weiß: Pooh liebt den Honig über alles. Auf den
ersten Blick ist das nun weder ungewöhnlich noch besonders bemerkenswert. Die Vorliebe der Ursiden, vom
ursus arctos über den ursus horribilis bis zum melursus
ursinus für das Produkt der Bienen ist sprichwörtlich
und uns wissenschaftlich und literarisch von Aristoteles
und Plinius dem Älteren bis zum Freiherrn von Münch-
hausen oder Joachim Heinrich Campes »*Neues Abeze-
und Lesebuch*« von 1807 eindrucksvoll bezeugt. Aber,
wie sollte es anders sein: Wiederholte Lektüre – in
unserem Falle ohnehin ein Vergnügen – und genauere
Betrachtung lassen uns doch auf eine Reihe merkwür-
diger Beobachtungen stoßen.

Pooh und der Honig – Eine Fallgeschichte

> *»Isn't it funny*
> *How a bear likes honey?*
> *Buzz! Buzz! Buzz!*
> *I wonder why he does?«*
> *(Milne 1979, S. 5).*

Winnie-the-Pooh liebt den Honig. Pooh ist den leiblichen Genüssen des Essens und Trinkens überhaupt recht zugetan. Mit liebenswürdiger Regelmäßigkeit fällt ihm ein, es sei nun endlich Zeit *»for a little something«* (ebd., S. 77 u.ö.) oder *»for a little mouthful of something«* (ebd., S. 24). Dafür kommen verschiedene Dinge in Betracht, aber der Honig bleibt doch der eindeutige Favorit. So hoch ist Poohs Wertschätzung des Honigs, daß man versucht ist, von einer gewissen Honigzentriertheit seiner Wahrnehmung und Verarbeitung der Welt zu sprechen. Schon der erste Spaziergang, auf dem wir Pooh begleiten (ebd., S.1 ff.), läßt das erkennbar werden. In heiterer Stimmung wandert Pooh durch den Großen Wald, singt ein kleines Lied und hört plötzlich ein Summen. Pooh denkt nach und findet heraus: Das Summen hat etwas zu bedeuten; es kann nur von Bienen herrühren; Bienen sind dazu da, Honig zu machen, *»and the only reason for making honey is so as I can eat it.«* (ebd., S. 3) Über den Honig vermitteln sich für Pooh Welt und Ich.

Zu kostbar ist der Stoff, als daß sein Nachschub dem Zufall überlassen werden dürfte. Folgerichtig beobachten wir Pooh bei der Vorratsbildung, beim Horten. Als

Pooh sitting on his branch

der Große Regen über den Wald kommt und eine bedrohliche Überschwemmung verursacht, organisiert Pooh umsichtig seine Flucht – nicht ohne zu allererst *»his largest pot of honey«* in Sicherheit gebracht zu haben, und dann alle anderen. *»And when the whole Escape was finished, there was Pooh sitting on his branch dangling his legs, and there, beside him, there were ten pots of honey.«* (ebd., S.132)

Ein andermal macht Rabbit einen Besuch bei Pooh. *»Fourteen, come in: Fourteen. Or was it fifteen?«* Pooh zählt seine Honigtöpfe. *»It's a sort of comforting«* (Milne 1976, S. 36), erklärt er seinem Besucher.

Aber woher beschafft sich Pooh seinen Stoff? Tatsächlich scheut er kein Abenteuer, keine Gefahr, ja kein Täuschungsmanöver, um in den Besitz von Honig zu gelangen. In Erwartung einer lohnenden Quelle klettert er auf einen hohen Baum, stürzt ab, landet in den Dornen und nähert sich den Bienen ein zweites Mal in täuschender Absicht, indem er sich nun als schwarzes

Wölkchen am blauen Himmel tarnt: »*De apibus semper dubitandum est*«, wie es Pooh in der lateinischen Ausgabe unnachahmlich formuliert (S. 8). Im übrigen vergeblich, denn an den Honig kommt er auch auf diesem Wege nicht heran. Und Pooh ist sich bewußt, daß Gefahr und Schaden, die Stacheln im Po und die steifen Arme nur von seiner Liebe zum Honig herrühren – genau wie jenes gräßliche Abenteuer in der Grube, als Pooh ein Heffalump mittels Honig fangen wollte, diesen dann doch lieber selbst aß und in ein furchterregendes Wesen verwandelt wurde.

Aber Pooh geht weiter. Um an Honig zu gelangen, schreckt er nicht nur vor Schäden am eigenen Leibe nicht zurück. Er schont auch nicht Dritte, nicht einmal seine Freunde. Von Rabbit zum Frühstück eingeladen, gerät er »*in angustias*«, weil er im Konsum von Honig und Kondensmilch nicht maßhalten kann. (Auf Brot hatte er immerhin verzichtet.) Eine Woche lang steckt er wie ein Korken im Eingang zu Rabbits Kaninchenbau und versperrt ihm den Weg, und nur strenge Diät und liebevolles Vorlesen befreit ihn schließlich aus seiner mißlichen Lage. – Seine Maßlosigkeit bringt auch beinahe Eeyores Geburtstagsparty zu Fall. Einen Topf Honig will Pooh ihm schenken. Um zu überprüfen, ob es sich auch wirklich um Honig handelt, kostet er – und kann dann nicht mehr aufhören zu kosten, bis der Honig alle ist. Eeyore muß sich mit dem leeren Topf zufrieden geben.

Vieles spricht dafür, daß Pooh unter einem unwiderstehlichen Zwang steht, Honig zu konsumieren. Dabei ahnt Pooh, daß es etwas gibt, das noch besser ist als der Konsum selbst, nämlich die Vorfreude auf den Genuß

– »*but he didn't know what it was called*«. (ebd., S.169) An anderer Stelle aber weiß er genau, was der Genuß von Honig für ihn bedeutet: Piglet möchte gelegentlich von ihm wissen, was sich Pooh morgens nach dem Aufwachen als erstes fragt. Pooh antwortet spontan: »*What's for breakfast?*« Piglets Morgenfrage dagegen lautet, ob heute wohl etwas passieren werde, »*something exciting*«. »*It's the same thing*« (Milne 1979, S.157), antwortet Pooh. – Honigkonsum als excitement; ein unwiderstehlicher Zwang zum und ein Kontrollverlust beim Konsum; Vorratsbildung; gefährliche Abenteuer, um in den Besitz des Stoffs zu kommen, bei denen eine Selbst- und Fremdschädigung bewußt einkalkuliert und in Kauf genommen wird – die Merkmale lassen keinen Zweifel mehr zu: Pooh ist honigabhängig.

Diese Deutung ist keineswegs weit hergeholt oder ein substanzloses Hirngespinst. Vielmehr wird sie, Punkt für Punkt, durch jene Definition von »drug addiction« und »drug dependence« gestützt, die die World Health Organization 1957 und 1964 gegeben hat und die sich weltweit uneingeschränkter Autorität erfreut: »*Drug addiction is a state of periodic or chronic intoxication produced by the repeated consumption of a drug (natural or synthetic). Its characteristics include: I) an overpowering desire or need (compulsion) to continue taking the drug and to obtain it by any means; II) a tendency to increase the dose; III) a psychic (psychological) and generelly a physical dependence on the effects of the drug; and IV) detrimental effects on the individual and on society.*« Drug dependence definierte die WHO 1964 als »*a feeling of satisfaction and psychic drive that requires periodic or continous administration*

of the drug to produce pleasure or to avoid discomfort.«
(Zinberg 1984, S. 29, 35)

Wohin haben uns unsere Beobachtungen geführt, und wer hätte das gedacht? A. A. Milnes »Winnie-the-Pooh«, ein Klassiker unter den Kinderbüchern, seit seinem ersten Erscheinen im Jahr 1926 wieder und wieder in hohen Auflagen nachgedruckt, in zahlreiche Sprachen übersetzt – darunter wunderbarer- und gelungenerweise auch ins Lateinische – und fast weltweit verbreitet: ein Loblied auf den Gebrauch von Drogen. Weshalb hat das noch niemand bemerkt? Warum haben die Warner, die aus jedem Gummibärchen eine Alkoholkarriere vorhersagen, dieses gefährliche Buch nicht längst indiziert? Oder sollten wir die drogenpädagogische Botschaft dieses Buchs doch gründlich mißverstanden haben, weil es in Wahrheit als Warnungs- und Abschreckungsgeschichte zu lesen ist?

Aber nein. Pooh nimmt durch den Honigkonsum keinen wirklichen Schaden. Ganz im Gegenteil. Seine Geschichte führt auch nicht vor, daß er von seiner Leidenschaft geheilt oder sonstwie zur Abstinenz gebracht würde. Er bietet weder den Fall einer ge- oder mißlungenen Therapie noch den einer Spontanheilung. Vielleicht hat er auch nur Glück: Honig zu konsumieren, ist in Poohs Welt nicht verboten. Das erspart ihm vieles. Darüber hinaus aber befolgt er, bewußt oder unbewußt, eine Reihe von Verhaltensregeln, die geeignet sind, mögliche negative Folgen seines Süßhungers zu vermeiden oder zu begrenzen. Gegen die drohende Fettleibigkeit beispielsweise setzt er seine *»stoutness exercices«,* wenngleich nicht so häufig und konsequent, wie er sollte. Und nicht immerzu ist *»time for a little*

Pooh mit Christopher Robin

mouthful of something«, sondern nur ab und zu, zur rechten Zeit und am rechten Ort. Am bedeutsamsten aber erscheint, daß Honig für Winnie-the-Pooh zwar wichtig ist, sogar sehr wichtig, aber nicht alles. Es gibt viele andere Dinge, denen er von Herzen zugetan ist. Zum Beispiel geht er gern spazieren und läßt sich von den Vögeln und Eichhörnchen bestätigen, daß es wieder ein wunderbarer Tag ist. Oder er dichtet und komponiert einen seiner hintergründigen Songs, die zumindest ihm und seinen Freunden und wohl auch seiner Lesergemeinde so gut gefallen. Oder er gibt sich der Geselligkeit hin und dem Gespräch mit seinen Freunden, wobei nicht selten die letzten Dinge berührt und manch überraschende Ergebnisse zutage gefördert werden. Überhaupt ist ihm seine Freundschaft mit Christopher Robin, Piglet, Rabbit, Owl, Eeyore und den anderen so wichtig, daß er sich ein Leben ohne sie gar nicht vorstellen kann. Und last but not least beanspruchen die Abenteuer, die Pooh nicht sucht, die ihn vielmehr aufzusuchen scheinen und die er immer auf seine Weise besteht, ohne übertriebenen Eifer, ohne Ehrgeiz, fast absichtslos, ihre Zeit und Aufmerksamkeit. In einem so reichen Leben hat ein *»little smackerel«*, selbst wenn es Honig ist, nur einen relativen, keinen absoluten Stellenwert.

Vom Geschmack

Mit einem Blick auf seine Wanduhr, die vor einigen Wochen auf fünf vor elf stehengeblieben war, begrüßt Winnie-the-Pooh seinen Freund Piglet: *» You are just in time for a little smackerel of something.«* (Milne 1976, S. 3) Nur ein einziges Mal verwendet Pooh diesen Ausdruck. Harry Rowohlt, im ganzen kein schlechter Übersetzer dieses nicht leicht übertragbaren Textes, gibt ihn ganz unpassend und entsinnlicht als »Erfrischung« wieder. Besser ist da schon das niederländische »hapje«. Aber wirklich gelungen, weil in der entsprechenden Sinnen-Sphäre angesiedelt, ist der schon bei Apicius, dem römischen Schlemmer und Kochbuch-Autor belegte Ausdruck »buccella« der lateinischen und im Gefolge der »bocado de algo« der spanischen Ausgabe.

Uns aber mag Poohs Elf-Uhr-Smackerel als Einladung dienen, uns etwas in der Sphäre des Geschmackes umzusehen, besser: dortselbst ein wenig herumzuschmecken. Da zeigt sich nun, daß unser *»smackerel«*

offenbar eine Wortschöpfung A. A. Milnes ist; nicht einmal das Oxford English Dictionary führt es auf. Es ist aber leicht zu erkennen, daß es zur Wortfamilie »smack« (nach etwas schmecken, Geschmack, kleiner Happen) gehört und verwandt ist mit dem deutschen »Geschmack«. Unser »Geschmack« aber, so belehrt uns das Deutsche Wörterbuch von J. und W. Grimm (1897, Bd. 4.1.2, Sp. 3924 ff.), leitet sich ab von dem althochdeutschen »gismacko« und dem mittelhochdeutschen »gesmac«, einer Kollektiv- und Verstärkungsform des alt- und mittelhochdeutschen »smac«, das wiederum auf eine indogermanische Wurzel *smeg(h) zurückzuführen ist. Das s bildet dabei den *»sibillantischen Vorschlag«* (Kutzelnigg 1983/84, S. 338), der einen Vorgang von Dauer kennzeichnet. In das etymologische Umfeld gehören ebenso unser »schmecken« (ahd. mhd. smekken), und zwar in seiner transitiven wie in seiner intransitiven Bedeutung (den Geschmack von etwas wahrnehmen bzw. nach etwas schmecken), wie auch das Verb »schmatzen« (mhd. smatzen, älter smackezen) in der Bedeutung von »behaglich laut essen«. Schöne Varianten bietet ferner das Litauische mit den Wortbildungen »smagurianti« (naschen), »smagurai« (der Leckerbissen) und »smaguris«, womit der »Zeige- und Leckfinger« bezeichnet wird.

»Gesmac«, so weiterhin das Grimmsche Wörterbuch, ist im Mittelalter der Geschmack der Nase und des Mundes, »odor« und »sapor«, und dies wiederum in doppelter Hinsicht: als sinnliche Eigenschaft einer Sache und als sinnliche Empfindung dieser Eigenschaft. Notker nennt einen Gestank noch einen *»ubelen gesmac«*. Diese geruchsbezogene Komponente verliert sich im Neuhochdeutschen. Nur in den oberdeutschen Mundarten hat sie sich erhalten, wo gewisse Dinge noch heute ein »Geschmäckle« haben können, für das die Nase zuständig ist. In Erweiterung dieser sinnlichen Bedeutung konnte »gesmac« oder »smecken« auch bedeuten, etwas innig zu erfassen, etwa Gott: »*Daz er gotes niht enhât gesmecket.*«

Im »*Orbis Sensualium Pictus*« von 1658 ist die Trennung bereits vollzogen. »*Euserliche und innerliche Sinnen*« überschreibt Comenius das XLI. Kapitel und bettet es ein zwischen die Anatomie des Leibes und die Beschreibung der Seele des Menschen. Unter den äußeren Sinnen führt er das Auge und das Ohr an und fährt dann fort: »*Die Nase riechet die Gerüche und die Gestanke. Die Zunge mit dem Gaumen schmecket die Geschmake/ was süß oder bitter/ scharf oder sauer/ herb oder streng sey.*« (S. 87)

Zwei Generationen später, in Zedlers großem »*Universal-Lexicon*« von 1735, finden wir eine erneute Akzentverschiebung. Auch hier lesen wir: »*Das Geschmacks-Werkzeug ist die Zunge*«, aber der Geschmack ist nun vor allem das Vermögen des Schmeckens, lateinisch »gustus«, und das dadurch ausgelöste Gefühl. Der Artikel gibt sodann eine ausführliche Darstellung der Physiologie des Geschmacks. Diese Betonung und Würdigung des Sinnesvermögens des Menschen ist ohne die sensualistische Diskussion der frühen Aufklärung kaum denkbar. Dagegen hat ein anderer Diskurs, der zu jener Zeit ebenfalls schon begonnen hatte, hier offenbar noch keinen Niederschlag gefunden: die Verknüpfung des »Geschmacks« mit der Sphäre des Schönen. Diese findet sich dann im Brockhaus

Conversations-Lexicon von 1817, in dem der Geschmack wiederum als das Vermögen bestimmt wird, vermittels der Zunge gewisse Beschaffenheiten der Gegenstände wahrzunehmen, aber darüber hinaus auch als das *»Vermögen, das Schöne an den Gegenständen zu beurteilen.«* (S. 214) In der *»Allgemeinen Encyklopädie«* von 1856 nimmt dann die Physiologie des Geschmacks nur noch einen geringen Raum ein; das Hauptaugenmerk liegt nun eindeutig auf seiner »psychologischen und sittengeschichtlichen« Bedeutung.

Nun ist es weder möglich noch für unseren Zusammenhang erforderlich, die Entwicklung der ästhetischen Bedeutung des Geschmacks auch nur einigermaßen detailliert nachzuzeichnen. Nur soviel sei angemerkt: Weder die Antike noch das europäische Mittelalter kennen einen entsprechenden Begriff. Als eine spanische Prägung, als »buen gusto« tritt er in die europäische Geschichte der Neuzeit ein, verwendet offenbar schon von der ebenso gebildeten wie energischen Isabel la Católica, Reina de Castilia, und belegt in der *»Gramática Castellana«* des Antonio Nebrija, die dieser der Königin anbietet als ein Werkzeug, die wilde und ungezügelte Sprache und Denkungsart ihrer Untertanen zu vereinheitlichen und damit zu beherrschen – in jenem Jahr 1492, als mit dem Fall von Granada die Reconquista ihren endgültigen Sieg errungen hatte, als Mauren und Juden vertrieben wurden und die spanische Inquisition ihre blutige Arbeit aufnahm, und als ein Cristóbal Colón von einer mittelamerikanischen Insel Besitz ergriff *»im Namen des Königs und der Königin, seiner Herren«*.
Seit Baltasar Graciáns *»Oráculo manual y arte de pru-*

dencia« (Handorakel der Weltklugheit) von 1647, viel beachtet im damaligen Europa und noch von Arthur Schopenhauer hochgeschätzt und ins Deutsche übertragen, wird der »buen gusto« zum Leitbild einer humanistisch gebildeten, feinen und weltklugen Lebensgestaltung. Danach sind es vornehmlich die Franzosen, die über den »bon goût« schreiben. Montesquieu verfaßt einen *»Essay sur le goût«*, Voltaire einen Artikel in der berühmten *»Encyclopédie«*. Und von dort gelangt der Diskurs auch nach Deutschland. August Friedrich Müller soll in seiner Übersetzung des *»Oráculo manual«* von 1715 das deutsche Wort »Geschmack« zum ersten Mal in der neuen Bedeutung verwendet haben, die nicht mehr ein bloßes Sinnenvermögen des Menschen bezeichnete, sondern eine kultivierte Lebenshaltung und ein Gefühl für das Schöne. Die Schweizer Reformer Bodmer und Breitinger griffen den Ausdruck auf, ebenso Friedrich Wilhelm Zachariä, Gellert und Wieland. Gottsched forderte 1758, in Stil und Darstellungsweise der deutschen Literatur künftig nicht mehr der Schulgelehrsamkeit, sondern dem guten Geschmack zu folgen. Soweit damit nicht einfach die Nachahmung der Franzosen gemeint war oder die besondere Eigenart eines Volkes oder Zeitalters – man sprach vom »englischen«, vom »griechischen«, aber auch vom »gotischen« Geschmack –, ging es in diesem Diskurs um drei Fragen: Ist der Geschmack angeboren oder erworben? Ist er auf den Verstand oder auf die Sinnlichkeit des Menschen gegründet? Sind Geschmacksurteile individuell oder allgemein? Der deutsche Hauptbeitrag zur Beantwortung dieser Fragen ist wohl Immanuel Kants *»Kritik der Urteilskraft«*. Kant bestimmt den Geschmack, die »*Urteilskraft*«, als eines der drei grundlegenden Erkenntnisvermögen des Menschen, zuständig für den Gegenstandsbereich der Kunst. Für Kant ist der Geschmack ein Doppeltes, nämlich Sinnengeschmack und Reflexionsgeschmack. Ersterer sagt mir, daß ein gelungenes Gericht ein Genuß ist, weil es »*den Sinnen behagt*«. Es ist aber nur »*mir angenehm*«, also ein subjektives Urteil (S. 19). In diesem Sinne gilt, sagt Kant: »*Ein jeder hat seinen eigenen Geschmack*«, über welchen »*sich nicht disputieren*« lasse (223, 233). Aber ebenso gilt: »*Über Geschmack läßt sich streiten.*« (233) Wie das? Kants Antwort ist: Als auf der »*reflektierenden ästhetischen Urteilskraft*« (238) beruhend, lassen sich Geschmacksurteile nicht auf bestimmte Begriffe bringen. Man kann nämlich a priori nicht bestimmen, welcher Gegenstand dem Geschmack gemäß sein werde oder nicht; »*man muß ihn versuchen.*« (XLVII) Der Reflexionsgeschmack als das Vermögen der Beurteilung des Schönen ist ein »*sensus communis aestheticus*« (160). Das Geschmacksurteil aber ist beides, ein »Privaturteil«, das sich auf nichts als auf das individuelle Gefühl der Lust und der Unlust stützt, und zugleich ein Urteil mit »*Anspruch auf subjektive Allgemeinheit*« (18), weil ihm eine allgemeine Mitteilungsfähigkeit des Gemütszustandes eigen ist.

In der »*Anthropologie in pragmatischer Hinsicht*« von 1798 nimmt Kant diesen Gedanken der intersubjektiven Gültigkeit des Geschmacks wieder auf und betont, dieser ziele auf ein »*geselliges Vergnügen*«. Ja, er geht noch einen Schritt weiter. Da der Geschmack ein Wohlgefallen an der Übereinstimmung der Lust des Subjekts mit dem Gefühl jedes Anderen enthalte, habe

»*der ideale Geschmack eine Tendenz zur äußeren Beförderung der Moralität. (...) Auf diese Weise könnte man den Geschmack die Moralität in der äußeren Erscheinung nennen.*«

Es liegt nahe, daß dieser Gedanke die besondere Sympathie Friedrich Schillers fand. Seine kleine Schrift »*Über den moralischen Nutzen ästhetischer Sitten*« von 1796 liest sich wie eine Auslegung dieser Bemerkung Kants, die an sie ebenso anknüpft, wie sie sich von ihr abgrenzt. Wiewohl, argumentiert Schiller, der Geschmack eine Handlung nicht sittlich mache, da das Sittliche keinen Grund habe als sich selbst, könne er doch »*die Moralität des Betragens begünstigen*« (59). Das rohe Gemüt gehorche bloß den Sinnen, das moralische der Pflicht. In ästhetisch verfeinerten Seelen sei eine Instanz mehr: »*Diese Instanz ist der Geschmack*« (61). Der Geschmack fordere »*Mäßigung und Anstand, er verabscheut alles, was eckigt, was hart, was gewaltsam ist.*« (61f.) Der Geschmack schiebt zwischen die Affekte und die Handlung die Reflexion und befreit damit das Gemüt vom »*Joch des Instinkts*«. So sei der Geschmack zwar keine Tugend, aber in der gemeinsamen Bändigung der Begierden doch ihr Verbündeter, der das Gemüt in eine der Tugend zweckmäßige Stimmung versetze.

Da nun, fährt Schiller vielleicht nicht ohne Spitze gegen die »*rigidesten Ethiker*« fort, die Vortrefflichkeit des Menschen keineswegs in der Summe einzelner »*rigoristisch-moralischer Handlungen*« bestehe, sondern in der Veredelung der ganzen Natur des Menschen, und da überdies die menschliche Natur ihren Naturanteil niemals ganz abstreifen, d.h. niemals ganz und gar sittlich sein könne und werde, könne es geschehen, daß sich die Gesellschaft und die Weltordnung auflösten, *»ehe wir mit unseren Grundsätzen fertig würden«*. Wir seien deshalb geradezu verpflichtet, uns durch *»Religion und ästhetische Gesetze zu binden, damit unsere Leidenschaften in den Perioden ihrer Herrschaft nicht die physische Ordnung verletzen.«* (66) Beiden, Religion und Geschmack, komme nämlich das Verdienst zu, als *»Surrogat der wahren Tugend zu dienen und die Legalität da zu sichern, wo die Moralität nicht zu hoffen ist.«* (66) Wir seien daher, so beendet Schiller seine Ausführungen, genötigt, das *»Wohl des Menschengeschlechts, das durch unsere zufällige Tugend gar übel besorgt sein würde, noch zur Sicherheit an den beiden starken Ankern der Religion und des Geschmacks zu befestigen.«* (66)

Ein effektvoller Schluß, wie so oft bei Schiller. Nie zuvor und wohl seitdem nie wieder ist das Wohl des Menschengeschlechts, ist die empirische Ordnung der Gesellschaft so emphatisch dem Geschmack und den ästhetischen Sitten anvertraut worden. In ihrer moralischen Wirkung treten sie neben die Religion. Und um so größer sind die Hoffnungen, die wir in sie setzen dürfen, ja müssen, je weniger wir umhin können anzuerkennen, wie zufällig, wie schwach, wie unzuverlässig unsere Moralität tatsächlich und tagtäglich ist. Selten ist wohl der Zusammenhang zwischen dem Geschmack als einer ästhetischen Gemütsstimmung und dem Inhalt und Effekt unserer Handlungen eindringlicher und scharfsinniger reflektiert worden als in den ästhetischen Schriften Friedrich Schillers.

In aller Kürze haben wir den Weg verfolgt, den der

Geschmack von der Bezeichnung einer Sinnestätigkeit zu derjenigen eines ästhetischen Vermögens zurückgelegt hat. Es scheint ein Weg zu sein, der zu jenem *»Prozeß der Zivilisation«* gehört, den Norbert Elias als Weg in die moderne Gesellschaft beschrieben hat. Freilich beziehen sich die neuen Manieren-Regeln, die Elias anführt, eher auf allgemeine und praktische Verhaltensvorschriften. Aber der Kern-Impuls der Affektkontrolle ist hier wie dort unverkennbar. Und vielleicht spielt der Geschmack in den Manierenschriften auch deshalb keine dominierende Rolle, weil er die neuen Zivilisationsinstrumente Serviette, Messer und Gabel gleichsam hintergeht.

Ich möchte jetzt zurückkommen auf die Phänomenologie des Geschmacks. Physiologisch betrachtet, ist der Geschmack, wie auch die anderen Sinnestätigkeiten des Menschen, eine physische Wechselwirkung zwischen dem Subjekt und einem Objekt, dem es sich mehr oder minder aktiv zuwendet und dessen Beschaffenheit es als Reizung spezifischer Rezeptoren – in unserem Falle der Geschmacksknospen auf der Zunge und im Mundraum – über Nervenleitungen seinen sensorischen Zentren im Zentralnervensystem zuführt und im Großhirn zu komplexen Deutungen verarbeitet. Wie andere Sinne auch, bietet der Geschmack Zugang nur zu einem spezifischen Ausschnitt des jeweiligen Objekts, mitunter sogar einen inadäquaten: Viele Gifte sind geschmacklos. Seine begrenzte Leistungsfähigkeit wird zu einem nicht geringen Teil ausgeglichen durch das Zusammenwirken mit anderen Sinnen, wodurch ein komplexeres, wahreres Bild des Objekts entsteht. Während wir, wenn uns die Augen verbunden sind und die Nase zugehalten wird, den Geschmack einer Zwiebel nicht von dem eines Apfels unterscheiden können, haben schon die Römer den Wein mit drei Sinnen verkostet: dem Auge (colore), der Nase (odore) und mit Zunge und Gaumen (sapore).

Zusammen mit dem Gesicht, Gehör, Geruch und dem Tastsinn gehört der Geschmack zu jenen fünf klassischen Sinnen, die bereits Aristoteles untersucht hat. (Zu Aristoteles' »*Stoffwechselchemie*« vgl. Böhme 1980.) Naturgeschichtlich gehört er als sog. chemischer Sinn und gemeinsam mit dem Geruch vermutlich zu den ältesten Sinnesvermögen des Menschen, wie man aus seinem basalen Charakter und aus seiner vergleichsweise geringen Differenziertheit gefolgert hat. Seine biologische Funktion war wohl insbesondere, genießbare und ungenießbare Nahrung zu unterscheiden. Dies weist darauf hin, daß die Geschmackswahrnehmung – wie auch die anderen Sinneswahrnehmungen – von Anfang an auf zweierlei Bedeutungen gerichtet sind: auf die sinnliche Qualität eines konkreten Gegenstandes sowie auf etwas anderes, das er bedeutet, z. B. »Ungenießbarkeit oder »Köstlichkeit«, also auf seine Symbolbedeutung.

In seiner praktischen Ausübung ist der Geschmack Ergebnis eines doppelten Differenzierungsprozesses, eines phylogenetischen, in dem sich die Wahrnehmungsorgane physiologisch ausdifferenziert haben, und eines ontogenetischen, in dem das Individuum seinen Geschmack durch Erfahrung differenziert und ausbildet – ein Hinweis auf den historischen Charakter unserer Sinne. Verglichen mit dem Gesicht oder Gehör, gilt der Geschmack als nur mäßig differenziert. Gewöhnlich werden nicht mehr als vier Geschmacksqualitäten unterschieden: süß, sauer, bitter, salzig. Diese

Charakterisierung ist aber möglicherweise selbst das Resultat einer modernen Verarmung: Von 159 mittelhochdeutschen Wörtern der Geruchs- und Geschmacksempfindung fand Arthur Kutzelnigg (1983/4, S. 344) in der Hochsprache der Gegenwart nur noch 15, unter Einschluß der oberdeutschen Mundarten etwa 30. Und offenbar kann, wie der Feinschmecker, der Weinkenner oder der Kaffeekoster zeigen, die Unterscheidungsfähigkeit des Geschmacks beträchtlich gesteigert werden. Das Schmecken wird dann zu einem Kosten im Sinne eines vergleichenden, prüfenden und bewertenden Urteilens. So kann der Geschmack zur Kennerschaft werden, die Aufmerksamkeit verlangt, Konzentration, ja Hingabe und stete Übung. Aber das Sprichwort sagt: »*Der Hunger macht Saubohnen zuckersüß*«; ein differenzierter Geschmack und vor allem seine Sublimierung ins Ästhetische sind kaum zu denken ohne eine Befreiung von elementarer Not und ohne gehobenen Lebensstandard. Seine Ausbreitung ist ein sozialgeschichtlicher Vorgang von oben nach unten.

Aber auch unabhängig von solcher Expertise erscheint die geschmackliche Wahrnehmung für jeden Menschen von grundlegender Bedeutung, weil der Geschmack von allen Sinnen am unmittelbarsten verbunden ist mit dem elementaren Stoffwechselprozeß zwischen Mensch und Natur als Voraussetzung jeglicher Lebensfunktionen. Vielleicht hat Karl Julius Weber zu Beginn des letzten Jahrhunderts den Geschmack deshalb den »*tierischsten aller Sinne*« genannt. Rousseau formuliert diesen Tatbestand im »*Emile*« positiv: »*Von unseren verschiedenen Sensationen gibt uns der Geschmack diejenigen, die, überhaupt genommen, den*

meisten Reiz für uns haben. Auch liegt uns natürlich
mehr daran, richtig von denjenigen Substanzen zu ur-
teilen, die wir den unsrigen einverleiben sollen, als von
denen, die außer ihr bleiben. Tausend Dinge sind dem
Getast, Gehör, Gesicht gleichgültig, fast Nichts aber
dem Geschmacke.«

Der Geschmack ist ein entschiedener Nah-Sinn; wir
können nicht auf Distanz schmecken, und von Gewalt-
akten abgesehen, können wir nur schmecken, was wir
uns willentlich zuführen. Körperliche oder seelische
Beeinträchtigung schlägt sich eher auf den Geschmack
als auf einen anderen Sinn. Und dem Geschmack eignet
eine stark affektive Komponente. Ein intensives Bitter-
oder Sauer-Erlebnis führt zu unwillkürlichen mimi-
schen Reaktionen, ein ekelerregender Geschmack zum
Ausspucken. Demgegenüber wirkt das Süß-Erlebnis
fast immer anziehend und lädt zur Wiederholung ein.
Der Geschmack teilt die Welt in »widerwärtig« und
»köstlich«; das geschmacksneutrale Niemandsland da-
zwischen ist ohne Reiz. Auf diese Weise organisiert der
Geschmack unsere Orientierung zwischen den Polen
der Warnung vor einer bestimmten Substanz und der
Einladung zum Genuß einer anderen, zwischen einem
»weg von« und einem »hin zu«, einem »nie wieder« und
einem »immer erneut«. Und er vermag solche Orientierung zu bewahren, auch über lange Zeit, weshalb er
zum Träger komplexer und feinster Erinnerungen, Bedeutungen und Gefühle werden kann – wie in Marcel
Prousts wunderbarer Beschwörung des großen Glücks
aus dem Geschmack einer kleinen Madeleine.

Mit dem Geschmack, so könnten wir zusammenfas-
sen, erfahren wir die Eigenschaften und Beschaffenheit

von Gegenständen, die wir uns willentlich und in der Absicht zuführen, sie uns einzuverleiben und unserem eigenen Organismus zu assimilieren. Wir erfahren sie, mehr oder minder differenziert, näher als hautnah, nämlich im Mundraum als einem Grenzbereich zwischen außen und innen. Der Geschmack macht aus Dingen an sich Dinge für uns; Subjekt und Objekt aber vermitteln sich im Gefühl der Lust oder Unlust. Anders und etwas systematischer formuliert, ist der Geschmack dreifach wirksam: Auf einer perzeptiven Ebene liefert er mir relevante Informationen über einen Gegenstand und seine Beschaffenheit. Auf einer reflexiven Ebene teilt er mir mit, ob dieser Gegenstand gut ist für mich oder nicht. Auf einer praktischen Ebene schließlich gestattet er mir, mich prüfend und unterscheidend zur Objektwelt zu verhalten, meine Geschmacks-Erfahrungen und die damit verbundenen Gemützustände meinen Mitmenschen mitzuteilen und mit den ihrigen zu vergleichen und nach und nach meinen Geschmack als ein Handlungsregulativ auszubilden. In der *»Anthropologie«* schreibt Kant: *»Es ist keine Lage, wo Sinnlichkeit und Verstand in einem Genusse vereinigt solange fortgesetzt und oft mit Wohlgefallen wiederholt werden können – als eine gute Mahlzeit in guter Gesellschaft!«* Vielleicht ist kein anderes Vermögen des Menschen so sehr Natur und Kultur zugleich wie eben der Geschmack, so sinnlich und so geistig zugleich, so tierisch und so göttlich, sowohl den elementarsten Prozessen des Stoffwechsels und der Bedürfnisbefriedigung dienend als auch als Richtschnur in der Welt der Geselligkeit, der Kultur und des Schönen. Das lateinische *»sapio«* (schmecken, empfinden, weise sein), »*sapor*« (Geschmack, Delikatesse, verständiges Urteil) und »*sapientia*« (Einsicht, Weisheit) gehören zu ein und derselben Wortfamilie. Und Plato nennt den Koch einen Sachverständigen und Weisen.

Was aber hat dies alles mit Drogen, mit Drogengebrauch und Drogenkultur zu tun? Nicht wenig, wie mir scheint. Da ist zunächst jenes seltsame Faktum eines gespaltenen Drogendiskurses, in dessen einer Hälfte dem Geschmack eine hohe Bedeutung beigemessen wird, in dessen anderer Hälfte von ihm aber so gut wie keine Rede ist. Dabei beziehe ich mich nicht auf inhaltliche Kontroversen innerhalb der Drogendiskussion, sondern auf die ganz verschiedene Art und Weise, über legale und illegale Drogen zu reden. Ist die Rede von Wein, Bier, Spirituosen, Tabak, Kaffee, Tee, Schokolade, also von unseren »Genuß-Mitteln«, erfreuen sich auch Geschmack und Kennerschaft der höchsten Wertschätzung. Wer bewundert nicht den Weinkenner, der mit sicherem Geschmack Traubensorte, Anbaugebiet, Jahrgang und Qualität eines ausdrucksvollen Weines erkosten kann? Wer nicht den Teefreund, der weiß, wem er wann und warum eine Tasse Ceylon Orange Pekoe, China Keemum, First flush Darjeeling oder Assam Broken Orange Pekoe anbietet, wie man »'n lekker Koppke« Ostfriesentee richtig zubereitet und serviert, oder wie man eine japanische Tee-Zeremonie vollzieht? Mehr oder minder ausgeprägt und abhängig von regionalen und sozialen Faktoren, ist ein guter Geschmack im Bereich der Genußmittel nicht nur erlaubt, sondern erwünscht und geachtet. Jeder weiß und akzeptiert, daß zur Ausbildung auch nur einiger Kennerschaft viel Erfahrung gehört, auch Wissen, und daß sich um jedes dieser Genußmittel eine besondere Kultur herausgebildet hat – besondere Gebrauchsgegenstände, Regeln des angemessenen Umgangs mit dem Stoff und den Mitkonsumenten, ein differenziertes Wissen, eben Geschmack. Wer aber diese Regeln nicht kennt oder mißachtet, gilt als Barbar.

Nichts von alldem finden wir in jener Diskussion, die sich mit den illegalen Drogen beschäftigt, genauer: in der offiziellen Diskussion jener Experten, die selbst keine (illegalen) Drogen nehmen und den Konsum dieser Substanzen bekämpfen. Denn unter den Konsumenten selbst hat es solche Geschmacks-Diskussionen durchaus gegeben, und es gibt sie noch. Unter den Bedingungen der Illegalität aber bleiben sie im Untergrund, beschränkt auf die unmittelbaren Konsumenten. Die bescheidenen Ansätze einer größeren Öffentlichkeit, hierzulande etwa zu Ende der 60er und zu Beginn der 70er Jahre, wurden durch die prohibitive Drogenpolitik schnell zunichte gemacht. Auch die professionellen Experten haben sich um das Wissen der konsumierenden Experten wenig gekümmert, um ihre Erfahrungen mit verschiedenen Substanzen und Qualitäten, mit ihrer Bekömmlichkeit und Schädlichkeit, mit verschiedenen Dosierungen, mit persönlichem Befinden oder sozialen Situationen, die den Gebrauch einer Droge geraten erscheinen lassen oder nicht. So haben sich die Experten nicht nur einer wichtigen Erkenntnisquelle beraubt und sich über weite Strecken in kuriosen Fehlurteilen verloren, sie haben zudem ein wichtiges Medium möglicher Gefahrenbegrenzung übersehen und ungenutzt gelassen.

Soweit ich sehe, gibt es von diesem wenig erfreulichen Befund nur zwei Ausnahmen. Die eine ist aus der historischen und kulturvergleichenden Beschäftigung mit dem Phänomen der Drogen hervorgegangen; unter dem Stichwort »Drogen-Kultur« werde ich darauf zurückkommen. Die andere handelt nicht direkt vom Geschmack, aber von den Möglichkeiten eines kontrollierten Drogengebrauchs – ein überaus fruchtbarer Ansatz, der jedoch im Gedankengefängnis des »war on drugs« einen schweren Stand hat. Schon Ende der 60er Jahre hatten Timothy Leary und R. Alpert in Harvard darauf hingewiesen, daß die Wirksamkeit einer Droge nicht allein aus ihrer chemischen Beschaffenheit, sondern immer auch und sogar vor allem aus dem »set and setting« zu erklären sei, also aus der Persönlichkeitsstruktur und Befindlichkeit des Konsumenten sowie aus dem situativen und sozialen Kontext des Gebrauchs. 1984 legte dann Roman E. Zinberg, Psychiater in Harvard, eine Studie vor, in der eine systematische Basis zum Verständnis kontrollierten Drogengebrauchs dargeboten wurde. In dieser Studie konnte Zinberg nicht nur zeigen, daß kontrollierter Drogengebrauch auch bei Marihuana, Halluzinogenen und Opiaten möglich ist und vielfach geübt wurde und geübt wird – ein Faktum, das auch heute noch Erstaunen auslöst, gerade in sog. Fachkreisen. Vielmehr arbeitete er diejenigen Bedingungen heraus, die einen kontrollierten Drogengebrauch auch über einen Zeitraum von vielen Jahren möglich machen: erfahrene Personen (»the first use only with a guru«, lautet eine der Regeln erfahrener user) und peer groups, die wichtige Informationen zur Verfügung stellen, die erwünschte und unerwünschte Effekte des Drogengebrauchs identifizieren, die einen distanziert-gemäßigten Gebrauch als die erwünschte Gebrauchsform definieren und kompulsiven Gebrauch abwehren (*»know your limits«, »get high with the least amount possible«*), die die Bedeutsamkeit des Drogengebrauchs gleichzeitig anerkennen und relativieren (*»never smoke marihuana until after the children are asleep«, »never before evening«, »only on weekends«, »once a month only«*) und die Regeln und Sanktionen entwickeln, durch die sie den Drogengebrauch der Individuen steuern und begrenzen (*»use only at a good time, in a good place, with good people«*). Entgegen ihrem öffentlichen Image sind diese Gruppen keine Verführer, die schwache Individuen zum Drogenmißbrauch anleiten; ganz im Gegenteil sind sie ein Teil sozialer Selbststeuerung, wirksam unter denjenigen, die bereits Drogen konsumieren. Es gehört deshalb zu den beklagenswertesten Resultaten unserer Drogenpolitik, die Bedeutung solcher Selbstregulation gänzlich verkannt und solche Gruppen eher verfolgt oder erschwert, statt ermutigt und unterstützt zu haben. Freilich stützen sich solche Gruppen, die Peter Cohen 1988 auch für den Gebrauch von Cocain in Amsterdam nachweisen konnte, nicht auf eine Theorie des Geschmacks und seine regulative Funktion. Und doch können wir seine Grundelemente leicht wiedererkennen: sein sinnliches Element, das sich nun allerdings über den Mund-Rachen-Geschmack hinaus auch auf die Wirkung im Zentralnervensystem bezieht (woraus, nebenbei bemerkt, um so leichter ein »Problem« werden kann, je unsinnlicher und »chemischer« sich eine Substanz darbietet und je unsinnlicher und künstlicher ihre Applikation geschieht); sein reflexives Element, das die Substanz und ihre Wirkung in ein Verhältnis setzt zum Subjekt und seinen Bedürfnissen; und sein kommunikativ-praktisches Element, das sich im Austausch von Informationen und in der Adaption von Verhaltensregeln im Medium der Geselligkeit realisiert.

Drogen-Kultur als Bildung des Geschmacks

Woher stammt Winnie-the-Poohs Honig-Geschmack? Woher stammt seine Vorliebe gerade für den Honig, und woher stammen die Regeln, die seinen Honig-Genuß leiten? Sind sie angeboren, weil Pooh eben ein Bär ist? Oder sind sie das Resultat einer besonderen Bären-Sozialisation? Wir erfahren es nicht. Der Erzähler schweigt. Sie sind einfach da.

Gleichwohl erzählt das Buch auch von der Bildung des Geschmacks, aber nicht am Beispiel Poohs, sondern einer anderen Figur. Pooh liebt seinen Honig, Piglet seine Eicheln und Eeyore seine Disteln. Jeder hat seinen besonderen, ihm eigentlichen Geschmack – *»if you know what I mean«* sagt Eeyore. Nur Tigger, der Ungestüme, der seine Grenzen noch nicht kennt, kommt in den Wald und stellt sich und seinen Geschmack so vor: *»Tiggers like everything«* (Milne 1976, S. 20). Aber schon beim ersten Frühstück mit Pooh stellt sich heraus: *»Everything exept honey«* (II, 22). Poohs Honigangebot folgen zwei weitere Frühstückseinladungen, verbunden mit zwei weiteren Geschmacksproben und (Selbst-)Erkenntnissen: Alles außer Eicheln und Disteln. Aber dann soll der kleine Roo zur Stärkung seinen

Malzextrakt einnehmen – und mit einem einzigen großen Haps hat Tigger den Extrakt verschluckt. He *»closed his eyes, and his tongue went round and round his chops (...), and a peaceful smile came over his face as he said: So that's what Tiggers like!«* (ebd., S. 33f.)

Mag sein, daß hier ein Bildungsprozeß auf einen einzigen Vormittag im Leben eines Tigers komprimiert ist. Aber sollte das nicht möglich sein in einer Geschichte wie dieser? Bemerkenswert ist der Vorgang in jedem Fall. Tigger weiß nicht von Anfang an, was ihm schmeckt und was gut für ihn ist. Er muß es herausfinden. Die Einladung seiner Freunde zu Honig, Eicheln und Disteln sind freundliche und gutgemeinte Anregungen. Sie ermöglichen ihm neue Erlebnisse, aber sie können ihm nicht die selbsttätige Erfahrung ersetzen, die selbständige Prüfung und ein eigenes Urteil: Tigger *»made exploring noises with his tongue, and considering noises, and what-have-we-got-here noises«* (ebd., S. 22). Was uns in diesem Kapitel nicht vorgeführt wird, ist Tiggers Geschmacks-Sozialisation, jedenfalls wenn wir darunter diejenigen Geschmacks-Einflüsse verstehen, denen ein Individuum im Laufe seiner Entwicklung ausgesetzt ist, im Falle der Drogen-Sozialisation insbesondere auch alle Widersprüche zwischen der einladenden Verführung und der warnenden Abschreckung, die der heranwachsenden Generation die Orientierung so schwer machen. Noch weniger handelt das Kapitel von Tiggers Geschmacks-Erziehung, wenn darunter die bewußte und planvolle pädagogische Einwirkung auf ein Individuum oder eine Gruppe gefaßt wird. Im Falle der Drogen-Erziehung müßte dann nämlich vor allem von den furchterregenden Konsequenzen die Rede sein, die

Tigger drohen, wenn er sich auf Honig, Eicheln oder Disteln einläßt. Aber niemand versucht Tigger gegen diese Substanzen zu immunisieren, weder auf dem Weg der Sachkunde noch auf dem der Abschreckung. Nein, Prävention haben Tiggers Freunde nicht im Sinn.

Wie es scheint, berichtet unser Kapitel von etwas anderem, von einem Bildungsprozeß etwa im Sinne Klaus Mollenhauers. Auf seine Überlegungen werde ich im folgenden hier und da anspielen. Wie jeder Bildungsprozeß ist auch der Prozeß der Bildung des Geschmacks ein Prozeß der Welt- und Ich-Erfahrung in einer dialogischen und reflexiven Bewegung. Das Ich erfährt die Welt des Geschmacks in der aktiven, sinnlichen Wahrnehmung ihrer gegenständlichen Elemente, und das Ich erfährt sich selbst, indem es seine Sensationen und Gefühlsreaktionen wahrnimmt und reflektiert. Das gilt auch dann, wenn sich der Geschmack auf so delikate Substanzen richtet, wie es die Drogen nun einmal sind.

Wie jeder Bildungsprozeß ist auch die Bildung des Geschmacks sodann ein Prozeß der Erweiterung und der Verengung zugleich. Er erschließt Neues, das bisher unbekannt war, und er schließt aus, was auch möglich gewesen wäre. Denn durch Geschmacksbildung wächst unsere Fähigkeit zu unterscheiden und zu bewerten. *»Der Geschmack«*, heißt es bei Johann Gottfried Herder, *»löst auf und scheidet; eine schnelle oder behutsame Analyse ist sein erstes Geschäft, ohne welches er nicht statt findet. (…) Daher heißt kosten (…) eigentlich prüfen.«* Der Geschmack, so Herder weiter, ist die *»feinste und letzte Politur des Urteils in einer zusammenfassenden Empfindung.«* Die Bildung des Geschmacks ist nicht Gewalt, die beraubt und die nur weh tut um eines fixen Zieles willen. Sie ist aber auch nicht pures Gewähren, das gleichgültig und beliebig bleibt und dem verantworteten Urteil ausweicht. Sie ist vielmehr ein Prozeß, in dem sich zwanglos ein Maß herausbildet, das die Nähe zu den Dingen einschließt und die Distanz zu ihnen, die Hingabe und die Askese, ein Maß, das zum Maßstab eines Individuums und seines Lebensstils werden kann. *»Der gute Geschmack«*, sagt Hofmannsthal, *»ist die Fähigkeit, fortwährend der Übertreibung entgegenzuwirken.«* Eine solche Fähigkeit bildet sich freilich nicht nebenbei; sie erfordert Aufmerksamkeit, Konzentration und Zeit. Dies gilt ganz besonders dann, wenn es sich dabei um Substanzen handelt, in denen höchste Lust und schwerste Last so nahe beieinanderliegen wie bei den Drogen.

Wie jeder Bildungsprozeß ist auch die Bildung des Geschmacks weiterhin keine Gerade. Sie ist kein linearer Prozeß, der von einem gewöhnlich als schlechter angesehenen Zustand zu einem besseren führt, in welchem man sich fortan ruhig einrichten könnte – beispielsweise von weniger Drogen zu mehr oder umgekehrt, je nach Maßstab. Und obgleich kulturelle Traditionen und die Erfahrungen anderer aufnehmend, ist die Bildung des Geschmacks nicht auf ein starres Regelsystem und seine Adaption ausgerichtet. Sie ist vielmehr ein verschlungener Weg, ein Weg des Lernens und des Verlernens, ein Weg auch der Überraschungen, der Abwege und der produktiven Umwege. Denn in seiner Doppelheit von Sinnesvermögen und Kulturvermögen ist der Geschmack ein Bestandteil jenes Selbstentwurfs des Individuums, den es hervorbringt und immer wieder neu hervorbringen muß in tätigem Austausch mit den kulturellen Beständen seiner Zeit, ihren Traditionen und den Formen ihrer Repräsentation. Deshalb ist die Bildung des Geschmacks notwendig gebunden an die Sphäre der Geselligkeit, an Mitteilung, Austausch und Vergleich. *»Der Geschmack«*, sagte Kant, *»zielt auf ein geselliges Vergnügen.«*

Wie jeder Bildungsprozeß ist die Bildung des Geschmacks schließlich eine andauernde Bemühung um Balance. Diese Balance ist nie zu fixieren, immer labil und gefährdet, aber nur in der Balance gelingt die Bildung des Geschmacks, auch des Drogen-Geschmacks. Und es ist eine mehrfache Balance: die Balance zwischen dem sinnlich-leiblichen und dem geistig-kulturellen Vermögen des Menschen; zwischen der Eigentümlichkeit des Individuums und seiner Gemeinschaftlichkeit; zwischen seiner Selbsterweiterung und seiner Selbstbegrenzung.

Nun scheint die Redeweise vom Geschmack einer besonderen sozialen Gruppe, einer Region oder einer Epoche darauf hinzuweisen, daß man Drogen-Geschmack und Drogen-Kultur synonym verwenden könne. Ich möchte demgegenüber vorschlagen, zwischen beiden Begriffen zu differenzieren. Nach den bisherigen Überlegungen scheint es mir sinnvoll, Drogen-Geschmack nur als eine auf das Individuum bezogene Kategorie zu verwenden: als ein sinnlich-geistiges Vermögen des Individuums, das wir aber »haben« nur als Potentialität, dessen konkrete Ausprägung stets Teil eines Prozesses ist, nämlich des stofflichen und symbolischen Austauschs des Individuums mit seiner Umwelt. Die Ausbildung eines besonderen Drogen-Geschmacks, eines Geschmacks-Profils, das die Vorlieben und Abneigungen eines Individuums und die Regeln seines stofflichen und sozialen Umgangs mit Drogen kennzeichnet, könnte mithin als der Weg in eine Drogen-Kultur beschrieben werden.

Jede Gesellschaft, jede Zeit hat ihre Drogen-Kultur. Entsprechend der Komplexität der Gesellschaft ist auch ihre Drogen-Kultur mehr oder minder komplex, beispielsweise nur auf eine einzelne, zentrale Droge ausgerichtet oder aber eine Vielfalt von Drogen umfassend. Sie kann sich in Binnenkulturen untergliedern, die auch in Widerspruch zueinander treten können. In modernen Gesellschaften werden die Drogen-Kultur(en) durch die antagonistischen Imperative des Marktes und der Prohibition, die unseren Umgang mit Drogen mehr und mehr bestimmen, eher erschwert als gefördert; das Resultat nennen wir das Drogen-Problem. Gleichwohl sind sie, wie der kontrollierte oder regelgeleitete Gebrauch von legalen wie illegalen Drogen zeigt, keineswegs eliminiert. Sie stehen in jener Tradition, in der Drogen-Kulturen seit Jahrtausenden und in allen Kulturen den Umgang mit Drogen geregelt haben. Sie sind Repräsentationen einer wahren Ordnung, verbürgt durch Erfahrung, prüfende Reflexion und sachkundige Regelbildung. Sie sind die Bezeugung der Überlieferungswürdigkeit und der Zukunftsfähigkeit von Wissens- und Normenbeständen, die in sie eingegangen sind. Wie der Drogen-Geschmack für das Individuum etwas Bewahrendes, Behütendes, Rettendes hat, so die Drogen-Kultur für die Gesellschaft. Und wenn viele Kulturen die himmlische Abkunft der nahrungsspendenden Pflanzen zeremoniell bewahrt haben, wenn die

Gewürze zu Beginn der Neuzeit als eine Verbindung zum Paradies erlebt wurden, um wieviel mehr waren die Drogen zu allen Zeiten wirkliche Gaben der Götter:

»Brot ist der Erde Frucht, doch ists vom Lichte gesegnet,
Und vom donnernden Gott kommet die Freude des Weins.
Darum denken wir auch dabei der Himmlischen, die sonst
Da gewesen und die kehren in richtiger Zeit.«
(Hölderlin: Brot und Wein)

Drogen-Kultur ist Zugang und Zurückhaltung, ist Selbsterweiterung und Selbstbegrenzung zugleich. Ihre innerste Ordnung ist daher der Rhythmus. Denn Drogengebrauch ist Grenzgang, nicht Auswanderung. Nicht indem wir ein anderer werden und bleiben, erfahren wir, wer wir sind oder sein können, sondern indem wir die Grenzen unserer Alltagswelt zeitweilig überschreiten, um als Gewandelte zurückzukehren. Wie aber der Geschmack kein Instrument, sondern ein Modus der Welterfahrung ist, wie er gleich einer Synkope oder Fermate ein kurzes, intensiv kostendes Innehalten im Rhythmus des Stoffwechsels ist, das sich seiner unabwendbaren Endlichkeit und Vergänglichkeit in einer *»hilaris tristitia«* (Seneca) bewußt wird, so läßt die Drogen-Kultur die mögliche Kostbarkeit des Drogengenusses gerade in seiner Begrenzung hervortreten: *»Nur zu Zeiten erträgt göttliche Fülle der Mensch.«* (Hölderlin) Durch ihre innere Ordnung von Rhythmus und Ritual vermag eine Drogen-Kultur ihren Mitgliedern Orientierung und Halt zu geben: kognitive Orientierung, indem sie Kenntnisse über die Wirkungsweise, Vorzüge und Nachteile der Drogen vermittelt, die aus immer erneut bestätigter Erfahrung

stammen; affektive Orientierung, indem sie die Droge
achten lehrt und uns so vor falscher Angst und Faszination, vor Anbetung und Verteufelung gleichermaßen
bewahrt; eine Orientierung schließlich auch für unser
Handeln, weil sie uns erfahrungsbewährte Regeln an
die Hand gibt, auf welche Weise die glücklichen Seiten
einer Droge genossen und ihre unglücklichen vermie-
den werden können. Die Drogen-Kultur ist mithin eine
Ästhetik der Drogen als Geschmacks- und Handlungs-
lehre.

Weil aber die Drogen-Kultur einer Gemeinschaft
und der Drogen-Geschmack der Individuen sich wech-
selseitig hervorbringen, sind sie kein statisches Regel-
werk. Sie sind Teil eines unabgeschlossenen kulturellen
Prozesses, dessen Elemente immer wieder überprüft,
neu ausgelegt und verändert werden, weil sie von den
Individuen oder sozialen Gruppen immer wieder neu
reflexiv angeeignet werden müssen. Die Bildung unseres Drogen-Geschmacks vollzieht sich im Rahmen von
Drogen-Kulturen; und sie ist stets auch ein Beitrag zu
deren Weiterentwicklung. *»Denn wir wandeln in Spuren, und alles Leben ist Ausfüllung mythischer Formen
mit Gegenwart.«* Aber die Wiederkehr ist auch Ab-
wandlung, weil das Leben, wie Thomas Mann sagt
(1964, S. 611, 618), *»aus dem Selben und dem Gleichen
das immer Neue«* hervorbringt.

Literatur

Allgemeine Encyklopädie der Wissenschaften und Künste. Hrsg. v. J. E. Ersch/J. G. Gruber, Art. Geschmack, Bd. 63, Leipzig 1856, S. 76–98

Böhme, G.: Aristoteles' Chemie: eine Stoffwechselchemie. In: Ders.: Alternativen der Wissenschaft, Frankfurt/M. 1980, S. 101–120

Cohen, Peter: Cocaine use in Amsterdam in Non Deviant Subcultures, Amsterdam 1988

Comenius,J.A.: Opera Omnia, Bd.17. Hrsg.v.J.Cervenka, Prag 1970

Ders.: Orbis Sensualium Pictus, Nürnberg 1658, Nachdruck Dortmund 1978

Conversations-Lexicon oder enzyclopädisches Handwörterbuch für gebildete Stände, Art.Geschmack, Bd.4, Altenburg/Leipzig 1817, S. 214–217

Deutsches Wörterbuch von J.Grimm und W.Grimm, Art. »Geschmack«, Bd.4.1.2., Leipzig 1897, Sp. 3924–3932

Elias, N.: Über den Prozeß der Zivilisation. Soziogenetische und psychogenetische Untersuchungen. 2 Bde., Frankfurt 7. Aufl. 1980

Hölderlin, F.: Werke. Hrsg. v. F. Beißner, Leipzig 1965

Kant, I.: Kritik der Urteilskraft. Hrsg. v. K. Vorländer, Hamburg 1963

Kutzelnigg, A.: Die Verarmung des Geruchswortschatzes seit dem Mittelalter. In: Muttersprache 3–4, Bd. 94,1983/84, S. 328–345

Mann, Thomas: Joseph und seine Brüder, Frankfurt 1964

Milne, A. A.: Winnie ille Pu. In Latinum conversus auctore Alexandro Lenardo, Stuttgart 1962

Ders.: Winnie-de-Poeh; Het Huis in het Poeh-Hoekje, Amsterdam 1973 (a)

Ders.: El Osito Winnie Pu y el Arbol de la Miel: Winnie Pu y la Casita de Igore, Barcelona 2. Aufl.1973 und 1982 (b)

Ders.: The House at Pooh Corner. With decorations by E. H. Shepard, London 1976

Ders.: Winnie-the-Pooh. With decorations by E. H. Shepard, London 1979

Ders. : The World of Pooh. The Complete Winnie-the-Pooh and The

House At Pooh Corner. With decorations and full-color illustrations by E. H. Shepard, New York 1985

Ders. : Pu der Bär. Deutsch von Harry Rowohlt. Zeichnungen von E. H. Shepard, Hamburg 1987

Ders.: Pu baut ein Haus. Deutsch von Harry Rowohlt. Zeichnungen von E. H. Shepard, Hamburg 1988

Ders.: Domus Anguli Puensis. In Latinum conversus auctore Briano Staplesio, London 1990

Mollenhauer, K.: Vergessene Zusammenhänge. Über Kultur und Erziehung, Weinheim/München 1983

Schiller, F.: Über den moralischen Nutzen ästhetischer Sitten. In: Schriften zur Ästhetik, Literatur und Geschichte, München o. J., S. 59–66

Zedler, J. H.: Grosses vollständiges Universal-Lexicon aller Wissenschaften und Künste, Art. Geschmack, Bd.10, Halle/Leipzig 1735, Sp. 1225–1229 (Photomechanischer Nachdruck Graz 1986)

Zinberg, N. E.: Drug, Set and Setting: The Basis for Controlled Intoxicant Use, New Haven 1984

Dieser Beitrag erschien zuerst in: *Hans-Georg Herrlitz u.a.: Exakte Phantasie. Pädagogische Erkundungen bildender Wirkungen in Kunst und Kultur, Weinheim und München, 1993*. Wir danken dem Juventa Verlag für die freundliche Abdruckgenehmigung.

Wein-Insel Bremen

Meine sehr verehrten Damen und Herren, oder besser: Liebe Freundinnen des Bacchus und liebe Freunde der Jungfer Rose.

Eine bekannte, wenngleich hierorts nicht besonders goutierte Beschreibung der Stadt Bremen und ihrer Bewohner beginnt mit den geflügelten Worten: »*Bremen ist eine ernste, gescheuerte Stadt, mit Lindenbäumen vor den Häusern, sonst ziemlich nackt und kahl gelegen, in einer Sandwüste, unter Rüben und Braunkohl*«.

Auch im weiteren Verlauf seiner Schilderung hatte der Jurist und Schriftsteller Eduard Beurmann, der seine »*Skizzen aus den Hanse-Städten*« 1836 erscheinen ließ, den Bremern nicht viel Schmeichelhaftes zu sagen. Daß er einer der ihren war, in Bremen geboren und zur Schule gegangen war, hier gelebt hatte, das ärgerte die Bremer besonders. Sie nannten ihn denn auch einen »*Skizzenschreiber*«, einen »*abseitigen Beobachter*« und ein »*unartig Bremer Kind*«.

An *einer* Stelle seiner Beschreibung Bremens gerät aber auch dieser kritische Portraitist ins Schwärmen – beim Wein. »*Wer den Wein und die Poesie liebt, dem lacht das ganze Rheingau mit seinen Weinreben-Guirlanden und seinem romantischen Wunderschein aus dem dunklen Zwinger im Schooße der Erde entgegen, und die Rose ist so magisch, so wunderlieb, duftig und glühend, wie die von Jericho, und ebenso zauberkräftig. (...) Oben im Rathaus ist alles so nüchtern und steif, so juristisch und aktenmäßig, so bremisch und hochedel, so hochweise und magistratsmäßig; und unten im Ratskeller ist alles so wohnlich und bescheiden, so poetisch und geistreich, so deutsch-erhaben, wie am Rhein, so voll Herz und Seele, so liebreich und freundschaftlich. Ich weiß es wohl, die zwölf Apostel dort unten versteigen sich nie nach oben. (...) Wenn man in Bremen von der Rose spricht, so denkt man dabei an keine andere Rose, als an die im Rathskeller, nicht einmal an ein Frauenzimmer (...) und diese Rose bleibt dennoch die schönste, lieblichste Jungfrau in Bremen«.*

Und nun ist unser Skizzenschreiber beim Thema »Bremer Jungfrauen« angelangt, das ihm Gelegenheit zu neuen Sottisen bietet.

Wein in Bremen. Ich erinnere mich noch genau: Als ich, ein schwäbischer Neubremer, im Frühjahr 1971 in einer Gaststätte im Ostertor ein Viertele bestellen wollte, fragte mich die Bedienung: »Rot oder weiß?« Eine weitere Differenzierung war nicht zu erreichen, um keinen Preis. Wir wurden nicht handelseinig. Und ich war irritiert; wohin war ich hier geraten? – Und andererseits der Ratskeller. Dem Germanisten als Literatur-Ort natürlich längst bekannt, hielt ich ihn in praxi für einen gut getarnten, unterirdischen Hauptsitz der Bremer Bourgeoisie und umkreiste ihn eine Zeitlang kritisch – bis mich eines Tages auswärtige Gäste zum Besuch nötigten, und ich meine Phantasien über den Bremer Ratskeller korrigieren konnte. Seitdem überprüfe ich mein Bild desselben möglichst häufig vor Ort. Und dankbar darf ich bekennen, daß ich diesem Gewölbe, dieser Stadt und ihren Wein-Verständigen einige der schönsten Wein-Begegnungen meines Lebens verdanke.

Jungfer Rose als Venus. Gemälde von Arthur Fitger (1840–1909) im Rosekeller des Bremer Ratskellers.

Es ist Bremen nicht an der Wiege gesungen worden, daß es zu einer der *bedeutendsten Weinstädte* Deutschlands werden sollte. Die nördliche Lage, Sand und Sumpf und die platten Weserufer sind nicht gerade eine natürliche Einladung an den Rebstock. Auch haben die Römer – anders als in den Städten an der Mosel, am Rhein oder am Neckar – Bremen nichts von ihrer Wein- und Lebenskultur vermittelt. Und nach der Reformation, als landauf, landab gegen die »*Sauff-Teuffel*« gepredigt und gewettert wurde, die in die Deutschen gefahren sein sollten, da galt gerade Bremen als eine besonders ernste und strenggläubige Stadt. Kein gutes Klima also für den Wein.

Und dennoch kommt der Wein nach Bremen: Jahrhunderte später als in das römische Germanien, aber doch schon mit der Gründung der Stadt. Denn er kommt mit der *Kirche*, und er kommt, wie diese, aus dem Rheinland. Er kommt als Bestandteil des christlichen Kultus, und insofern ist die nachantike Ausbreitung der Weinkultur in Europa eng mit dem Prozeß der Christianisierung verbunden. Die ältesten Weingegenstände in Bremen sind Kelche aus Silber und Zinn aus dem 11., 12. und 13. Jahrhundert. Sie befinden sich heute im Focke-Museum. Dennoch kommt der Wein nicht nur als Meßwein nach Bremen, denn den Klöstern oblag im frühen Mittelalter ganz allgemein die Pflege des Getreide-, Gemüse-, Obst- und Weinanbaus.

Im Westen und Süden Deutschlands war der Wein schon zur Zeit Karls des Großen zu einem verbreiteten Getränk geworden. In Bremen aber war er neu: *»Nam et vinum dari fratribus contra naturam Saxoniae disposuit – denn auch Wein ließ er seinen Kirchenbrüdern geben, gegen die Natur Sachsens«*, schreibt um 1075 Adam von Bremen über Bezelin, den Bremer Erzbischof von 1035 bis 1043, der selbst vom Rhein stammte. Und er fügt hinzu: *»Quod etiam in diebus suis ferme peregit – was er noch zu seinen Lebzeiten so ziemlich zuwege brachte.«* Von Bezelins Nachfolger Adalbert berichtet er sogar, dieser habe anno 1063 Gärten und Weinberge auf trockener Erde anlegen lassen: *»Nam et hortos et vineas in terra plantans arida.«* Innerhalb des Dom-Gehöfts und an den Hängen des Paulsberges vor dem Ostertor soll dieser Anbau betrieben worden sein, wo Adalbert selbst im Jahr 1051 *»Sancto Paulo«*, dem Hl. Paulus, eine Probstei geweiht hatte. Adam zeichnet insgesamt allerdings ein kritisches Bild des ehrgeizigen Adalbert und seiner nahezu dreißig Erzbischofsjahre in

Bacchus und Bacchusfaß im Ratskeller zu Bremen

Bremen. Seine Nachbemerkung zu Adalberts Weinbau-Projekt lautet: »*Licet studio inefficaci multa temptasset – mag er auch in fruchtlosem Eifer vieles versucht haben.*«

Adalberts Projekt war nicht der einzige Versuch, Wein in den hohen Norden zu verpflanzen. Um 1390 bemühte sich Bürgermeister Johann Hemeling, beim Paulskloster vor dem Ostertor einen Weingarten anlegen zu lassen. Tatsächlich hat es an Weser, Werra und Fulda vom 8. bis 11. Jahrhundert zahlreiche Weinpflanzungen gegeben , so bei Eschwege, Witzenhausen und Minden im 11. Jahrhundert. Für das Kloster Corvey an der Weser ist Weinbau für das Jahr 1093 urkundlich belegt. Kassel hatte mehrere Weinberge, und in Fritzlar an der Eder wurde schon im 8. Jahrhundert Weinbau betrieben, wie ja bekanntlich auch in Pommern, Danzig, ja sogar in Dänemark und England erfolgreich Wein gepflanzt wurde. Über die Qualität dieser Kreszenzen wissen wir wenig oder nichts. Wir haben uns angewöhnt, sie uns als sehr einfach und sauer vorzustellen. Angesichts der nördlichen Lage, der unbefangenen Nachsüßung oder -würzung und der Tatsache, daß sich der Weinbau in diesen Gebieten auf längere Sicht nicht gehalten hat, wird es wohl so gewesen sein.

Die ersten Winzer, Weinhändler und Weinwirte in Bremen waren jedenfalls Kirchenmänner. Sie legten die ersten »*cellae vinariae*« (Weinkeller oder Weinkammern) an, vermutlich auf der Domdüne, und bestellten einen »*cellarius*«, einen kirchlichen Kellermeister, der in Bremen erstmals 1174 bezeugt ist, und dem der Einkauf und die Lagerung des heimischen sowie des vom Rhein importierten Weines oblag. Und mit einiger Sicherheit veräußerte das Domkapitel den Wein, der über den Eigenbedarf hinausging.

Das weitere Schicksal des Weins in Bremen ist nun auf's engste verbunden mit der strukturellen Umwälzung dieser Stadt, die wir Säkularisierung nennen. Wie nämlich, in langen Auseinandersetzungen zwischen dem Erzbischof als dem Landesherren und den Bürgern der Stadt alle hoheitlichen Rechte – das Gerichtswesen, das Steuer- und Münzwesen, das Bildungs- und Armenwesen und die Zuständigkeit für eine *»gute Polizey«* – vom Erzbischof auf den Rat übergingen, so übernahm dieser *»wohledle und hochweise Rath zu Bremen«* auch die Sorge um den Wein, um den Rheinwein zumal. Das hatte weitreichende Folgen, denn bereits in der ersten Weinordnung des Rats von Bremen aus dem Jahr 1342 (nach Entholt sogar vor 1330) wird festgelegt, daß *»zum Nutzen der gemeinen Stadt kein Bürger rheinischen Wein laufen lassen«*, also verzapfen dürfe außer dem *»Rathmann«* selbst. Dieses sogenannte Rheinweinmonopol, das sich auf das Schankrecht in der gesamten Stadt und auf den Detailhandel auch in das bremische Hinterland bezog, wurde in den weiteren Fassungen der Bremer Weinordnung von 1370, 1433, 1489, 1596, 1629, 1635, 1643, 1665 und (erstmals gedruckt) am 16. Oktober 1673 bestätigt und präzisiert:

– Niemand darf in der Stadt Wein ausschenken, der nicht beim Weinherren das Kranzrecht erworben hat – gegen eine Gebühr, versteht sich, die im 18. Jahrhundert immerhin 150 Reichstaler betrug;

– Rheinwein darf nur im Ratskeller verzapft und verkauft werden; dieses Rheinweinmonopol des Ratskellers bleibt fast ein halbes Jahrtausend in Kraft;

– Groß- und Detailhandel mit anderen (französischen, spanischen und fränkischen) Weinen ist erlaubt, muß aber der Akzisenkammer gemeldet und dort verzollt werden (die Akzise war eine Ein- und Ausfuhrsteuer).

Der erste Abschnitt dieser Weinordnung von 1673 bringt übrigens deutlich das Mißvergnügen des Rates darüber zum Ausdruck, daß die »*wollgemeinte(n) Ordnungen fast in allen Puncten eingebrochen*« und Wein »*aus der Frembde hereingestolen*« und ohne Erlaubnis in der Stadt verkauft worden sei. Hierdurch seien Akzise, Consumption (eine Art Verbrauchssteuer) und die Einkünfte des Ratskellers »*mercklich geschmälert und verkürtzet*« worden. Das dürfe so nicht weitergehen, weshalb es der Rat als nötig erachtet habe, die früheren Ordnungen den »*jetzigen Zeiten und Läufften*« anzupassen und sie »*etwas umbständlicher und deutlicher in Truck zu geben*«, auf daß sich jedermann daran halte, bei »*ohnaußbleiblicher willkürlicher ernstlicher Bestraffung ohne Ansehen der Persohn*« im Fall der Übertretung.

Ähnliche Weinordnungen erließ der Senat auch später, so in den Jahren 1702, 1712 und 1767.

Nun sind häufig erlassene Ordnungen immer ein Zeichen, daß im Alltag anders gehandelt wurde, als die Vorschriften wollten. Auch die Bremer Weinordnungen hatten nur dann Aussicht auf einige Wirksamkeit, wenn die Aufsicht funktionierte. Und bemerkenswerterweise überließ der Bremer Rat diese Aufsicht nicht einfach der Verwaltung, sondern übertrug zumindest die Oberaufsicht zwei sogenannten Weinherren, die Mitglieder des Rates waren. Ihnen unterstellt war der Kellerhauptmann, belegt seit 1595, später Ratskellermeister genannt, der die Aufsicht im Keller und die Lagerung und den Einkauf des Ratskellerweines zu besorgen und sich deshalb mancher beschwerlichen und mitunter gefährlichen Reise an Rhein und Mosel zu unterziehen hatte. Und schließlich waren die Abgaben einzutreiben: Ein »*Visiteur*« versah den importierten Wein mit einem »*Marck*«, einem Kontrollvermerk hinsichtlich Qualität und Menge. Die »*Accise*« wurde zunächst vom Ratskeller, später vom Accisenmeister bzw. der Accisenkammer eingezogen; sie ging teils dem Keller, teils der Stadt zu. Die »*Consumption*« für die Umsätze innerhalb der Stadt wurde bis zum 17. Jahrhundert vom Keller, später vom Consumptionsamt erhoben. Ende des 18. Jahrhunderts bezahlten immerhin etwa 90 Weinhändler und Weinzapfer und etwa 60 Branntweinbrenner diese Abgabe. Sehr alt, aber in seinem Ursprung nicht ganz klar, ist das Faß- und Bodengeld, das auf Faßware aus dem Seehandel erhoben wurde und ebenfalls dem Ratskeller zufloß. Vielleicht war es ursprünglich eine Art Lagergeld für den Keller. Beträchtliche Abgaben flossen also dem Ratskeller zu und untermauerten seine starke Stellung. Umgekehrt wurden aus seinen Einnahmen bzw. diesen Weinsteuern die Befestigungsanlagen der Stadt mitfinanziert. Warum gerade diese? Weil es einen alten Zusammenhang gibt zwischen dem Recht des Grundherrn auf Besteuerung seiner Untertanen und seiner Pflicht, sie zu schützen.

Es soll auch eine Qualitätskontrolle des Weines gegeben haben. Wie sie genau funktioniert und wer sie durchgeführt hat, wissen wir nicht. Wir hören von eingeschlagenen Faßböden bei schlechter Qualität, von Konfiszierungen, vom Verbot, rheinische und französische bzw. spanische Weine zusammen zu lagern oder mit ihnen gleichzeitig zu handeln, damit kein Verschnitt dieser Weine produziert werden könne (so ein Proclam des Senats vom 27. Mai 1596). Wie gut diese Kontrollen aber funktioniert haben, wissen wir nicht – zumal das Reinheitsideal ja eine verhältnismäßig junge Erscheinung ist. Schon in der Antike wurden Weine ungeniert gemischt oder durch Gewürze geschmacklich verbessert – etwa mit Rosenblättern, Harz oder auch Salzwasser. So natürlich auch in Bremen, wo sich im 15. und 16. Jahrhundert der »*Clareth*« oder »*Lutertrank*« großer Beliebtheit erfreute, ein Würzwein, versetzt mit Honig, Zucker, Safran, Nelken und Muskat. Er wurde nur im Ratskeller und in der Ratsapotheke verkauft.

Neben Kirche und Rat gibt es aber noch eine dritte Kraft, der Bremen seine Vorrangstellung als Weinstadt maßgeblich verdankt – die *Kaufleute*. Wie es scheint, kamen zunächst die Weinhändler vom Rhein nach Bremen und verkauften hier ihren Wein, vor allem, aber nicht ausschließlich an die Kirche. Seit dem 13. Jahrhundert kauften Bremer Weinhändler selbst am Rhein. Sie kauften wohl auch in den großen Handelszentren Brügge, London und Amsterdam. Und sie kauften in Frankreich, im Bordelais zumal. Im Jahr 1372 werden in Bordeaux 200 hanseatische Schiffe mit Wein befrachtet, darunter vermutlich auch Schiffe aus Bremen. Jedenfalls ist dies der Beginn einer Entwicklung, in deren Verlauf die Kaufleute akzeptable Zoll- und Handelsbedingungen gegenüber dem Senat durchzusetzen verstanden und Bremen zu einem anerkannten Markt für französische Weine und insbesondere für Bordeaux-Weine aufstieg. Die historischen Daten sind zu unvollständig oder auch nicht hinlänglich zusammengetragen, um den Import genau quantifizieren zu können. Er ist aber mit Sicherheit nicht unbeträchtlich gewesen. Allein im ersten Halbjahr 1756 kamen 17 Schiffe aus Bordeaux nach Bremen, 1779 waren es 76. Seit Anfang des 18. Jahrhunderts hatten sich Bremer Kaufleute in Bordeaux niedergelassen und zu Beginn dieses Jahrhunderts konnten

Weinfaßlager in Bordeaux, etwa Anfang dieses Jahrhunderts

Bremer Weinimporteure sogar Weingüter im Bordelais erwerben, die durch den Versailler Vertrag allerdings wieder verloren gingen.- Neben dem »*Bordewyn*« importierten die Bremer Weinhändler auch Weine aus Burgund, aus Italien, Spanien, Portugal und Ungarn. Denn recht beliebt waren neben dem geschätzten Rheinwein auch die sogenannten Südweine wie der Malvasier, Rumenie, Bastert, der »*Wyntindt*« (vino tinto) oder der »*Petersinienwein*«, wie die Bremer den unaussprechlichen Pedro Ximenes nannten.

Um 1800 gab es in Bremen etwa 80 Weinhändler. Es dürfte nicht viele Handelsbranchen in Bremen geben, die so viele traditionsreiche und heute noch tätige Firmen aufzuweisen haben wie gerade der Weinhandel. Ich nenne die Firma Ludwig von Kapff, mit dem Gründungsdatum von 1692 die Seniorin unter den Weinhandelshäusern; Buxtorff & Wichelhausen (1704 oder 1744); Johann Eggers Sohn (1773); Eggers & Franke (1804); Reidemeister und Ulrichs (1831) und A. & H. Segnitz (1859).

Im Jahre 1803 setzten die vorgenannten 80 Weinhandelshäuser in Bremen 156.000 Hektoliter Wein um. 1815 wurde Wein im Wert von 1.132.000 Reichstalern nach Bremen importiert. Der Wein war nach Kaffee, Zucker und Tabak das viertwichtigste Handelsgut. 1821 machte der Wein fast 10 % der Gesamteinfuhr Bremens aus. Überschlägig ausgedrückt, wurde davon knapp ein Viertel in der Stadt konsumiert, gut drei Viertel wurden nach auswärts versandt (so im Jahre 1842). 1980 schließlich importierten die Bremer Weinhändler 606.177 Hektoliter Wein im Wert von fast 100 Millionen Mark; mehr als 50 Prozent des Weins kam aus Frankreich. Kein Zweifel: Der Wein ist eines der ältesten und wichtigsten und vermutlich das dauerhafteste Handelsgut Bremens .

Aber der Wein ist ein besonderes Gut. Wie Dionysos die Schiffer verwandelte, die ihn auf's Meer entführten, so hat der Wein diese Stadt verwandelt und ihr ein neues Gesicht gegeben – ein Gesicht, das es andernfalls nicht gäbe oder in dem markante Züge fehlten. Denn der Wein hat die Menschen in Bremen verändert, vielleicht nicht alle, doch diejenigen, die sich seinen Gaben geöffnet haben – und die es sich leisten konnten. Er hat – und ist das nicht ein kleines oder sogar ein großes Wunder ? – eine Wein-Kultur hervorgebracht in einer weinfernen Region und so aus Bremen eine eine Art nordische *Wein-Insel* gemacht, eine *» Vyn-Statt«* gewissermaßen, wenn schon kein *» Vinland«*, wie es der Isländer

Im Ratskeller. Farbige Lithographie von Fr. H. Borchers, um 1860

Leif Erikson um das Jahr 1000 an der Ost-Küste Nordamerikas vorfand. Dabei beziehe ich mich nicht oder nicht in erster Linie auf Verbraucherstatistiken und Handelsbilanzen (deren Bedeutung ich auch nicht unterschätze), sondern auf das, was wir die Grundelemente einer *Wein-Kultur* nennen können – den eigentlichen Weinbau einmal ausgenommen, der ja nun in Bremen nicht mehr oder nur noch von dem einen oder anderen experimentierfreudigen Liebhaber betrieben wird.

Der Wein hat den Bremern *Orte* geschenkt, an denen sich Begegnung und Geselligkeit nach eigenen Gesetzen vollziehen. Der Inbegriff für einen solchen Ort ist natürlich der Bremer Ratskeller, den Wilhelm Hauff aus gutem Grunde den *»Sitz der Seligkeit«* nannte, und den zu preisen und im einzelnen zu portraitieren einen eigenen Beitrag erforderte. In der Weingeschichte Bremens stoßen wir freilich wieder und wieder auf diesen Keller. Aber er war nicht der erste und nicht der einzige Bürger-Weinort in Bremen. Ein städtisches Weinhaus, ein »*domus vinaria*« soll im Jahre 1342 schon lange bestanden haben, als der Zinngießer Marquarde ebendort einer Frau, die ihm Geld schuldete, ihren Umhang wegnahm und dafür verurteilt wurde. Später wurde Wein getrunken auch in »*Von Kapffs Keller*« (Wachtstraße), in den »*Rheinwein-Stuben*« (Katharinenstraße) und im »*Ritzert*« am Domshof. Diese Weinorte oder Weingeselligkeiten sind Zwischenbereiche quasi privaten Charakters im öffentlichen Raum, herausgehoben aus dem Alltag, aus dem Alltagsraum und der Alltagszeit. Ein »*Priölken*« hieß nach J.G. Kohl früher im Plattdeutschen »*eine Sommerlaube oder ein Lusthaus im Garten und überhaupt ein Zimmer, in welchem man sich zu geselligen Freuden vereinigt.*« Es sind Orte und Augenblicke eines gesteigerten Wohlbefindens und eines gesteigerten Wohlwollens gegenüber den Mittrinkern, denen man aus guten Gründen immer erneut ein »Wohlsein« wünscht. Es sind Orte eines freieren, geist- und phantasievolleren Gesprächs, das die Griechen geradezu als ein Merkmal eines gelungenen Symposions (»Zusammentrinkens«) ansahen. Trefflich beschreibt der griechische Dichter Xenophanes den eigentümlich-schönen Schwebezustand danach:

> »*So ist's am schönsten, vom Trinken nach Hause zu kommen:*
> *Nüchtern bin ich nicht mehr, aber auch nicht zu berauscht.*«

Die Rose über der Rose. Distichon von de Hase, 1725

Mit dem Weinort verbindet sich eine besondere *Wein-Poesie*. Wieder liefert unser Ratskeller den schönsten Beleg. Über dem Rose-Faß, diesem einzigartigen Rüdesheimer Rheingold-Schatz der Bremer aus dem Jahre 1653, findet sich das charmante lateinische Distichon, das Sie alle kennen:

»*Cur Rosa, flos Veneris, Bacchi depingitur antro ?
Causa, quod absque mero frigeat ipsa Venus.*

Warum malt ihr im Keller des Bacchus die Rose der
Venus ?
Nun, weil ohne den Wein selbst Venus, die Göttin, friert.«

Dieser galante und in gelehrter Form auf Terenz anspielende Vers bekommt einen besonderen Reiz, wenn Sie bedenken, daß sein Verfasser Dr. theol. Theodor de Hase im Hauptamt ein strenger pietistischer Prediger an der Kirche Unser Lieben Frauen war.

Das Distichon war Bestandteil eines Billets, das de Hase am 5. Oktober 1725 in einer heiteren Regung an seinen jüngeren Freund Dr. Hermann Post, den nachmaligen ersten Bremer Archivar, schickte. Post seinerseits rühmte die Rose mit wahrhaft barocken Versen; auf sie fällt der Blick beim Verlassen des Rose-Kellers:

»*Was Magen, Leib und Herz, Saft, Kraft und Geist*
kann geben ,
Betrübte trösten mag, Halbtote kann beleben,
Theilt diese Rose mit. Sie hat von hundert Jahren
Den Preis, ein edles Öl mit Sorgfalt zu bewahren.«

Weitere Disticha aus dem Rose-Keller wären hier zu erwähnen, weitere Verse aus den anderen Keller-Räumen und natürlich Heine und Hauff, die 1826 von Rhein und Neckar nach Bremen kamen, die Rose küßten, vor Andacht weinten und den Bremern ihre schönsten romantisch-hintergründigen Weindichtungen schenkten. – Und zur Wein-Poesie gesellt sich die *Malerei*: Arthur Fitgers Fin-de-siècle-Malerei, und dann Max Slevogt und sein Schüler Karl Dannemann, die beide die hell-dunkle, ebenso heitere wie beklemmend-unheimliche Doppelbödigkeit der Hauffschen Phantasien kongenial verstanden und in Bilder umgesetzt haben.

Außer an solchen Begegnungsorten spielt der Wein eine nicht ausschließliche, aber doch eine prägende Rolle bei den großen, traditionsreichen Bremer *Festmahlen*. Bereits im 14. Jahrhundert war es Brauch, daß jeder neue Ratsherr dem gesamten Rat eine Mahlzeit zu geben hatte. Auch der halbjährliche Wechsel des Ratspräsidenten war mit einem offiziellen Essen verbunden, bei dem beträchtlich viel Rheinwein getrunken wurde. Dasselbe gilt für die sogenannte *»Große Kaufmannskost«*, ein Festmahl, das seit Beginn des 15. Jahrhunderts anläßlich der Wahl neuer Mitglieder zur Kaufmannsgilde nach den Heiligen Drei Königen im Schütting gegeben wurde. Man trank viel Bier und Wein. Seit 1545 wird im Februar jährlich die traditionelle *»Schaffermahlzeit«* abgehalten, ursprünglich ein Abschiedsmahl der Kaufleute für ihre Kapitäne vor der neuen Fahrenszeit und (noch heute und damit das älteste) Brudermahl zur Unterstützung des Hauses Seefahrt. Getrunken wird das berühmte, malzreiche Seefahrtsbier, sowie je ein Rhein-, Mosel- und Bordeauxwein, die, in blinder Probe ausgesucht, damit zum *»Schafferwein«* avancieren. Aus der ersten Hälfte des 19. Jahrhunderts stammt das Fest der *»Eiswette«*, das alljährlich am ersten Sonnabend nach dem Dreikönigstag stattfindet. Auch die *»Eiswetteweine«*, von einer Kommission sorgfältig ausgesucht, gehören mit dieser Auszeichnung zu den Prominenzen ihres Jahrgangs.

Und ein weiterer Bremer Brauch ist eng mit dem Wein verbunden, ja auf ihn gebaut: das Institut des *Ehrenweins*. Ob nun aus republikanischer Gesinnung oder einem realistischen Gefühl für die eigenen Möglichkeiten einer Handelsstadt entsprungen, entwickelte der Rat den Ehrenwein zu einem höchst geachteten und wohl auch wirksamen Instrument innerstädtischer Honorierung und außenpolitischer Diplomatie. So wurde der Kaiser mit einer Weingabe aus dem Bremer Ratskeller geehrt, so mehrfach Friedrich II. von Preußen, der sich für das *»beigefügte Present von altem Rheinwein«* freundlich bedankte und den Bremern seiner *»Huld und Gnade«* versicherte; so viele andere auswärtige Nobilitäten, von deren Gunst sich die Bremer etwas versprachen. Kein prominenter Besuch in Bremen, der nicht mit einer solchen Weingabe verbunden war. – Aber auch verdiente Bremer erhielten ihren Ehrenwein: Im 17. Jahrhundert bekam jeder der vier Bürgermeister jährlich immerhin zwei Ohm Ratskellerwein; das sind 300 Liter. Und der schon erwähnte Archivarius Dr. Hermann Post erhielt anno 1731 ebenfalls ein Ohm Wein, wie es in der Begründung heißt, *»wegen seines besonderen Fleißes.«*

Überhaupt erfreute sich die Wissenschaft damals in Bremen doch einiger Wertschätzung. So bestand im 17. Jahrhundert die schöne Sitte, daß jeder neu berufene Professor des Gymnasium Illustre, jener reformierten Bremer Hochschule mit den vier klassischen Fakultäten, zum Amtsantritt vier Stübchen, also sechzehn Flaschen Ratskellerwein erhielt. Die beiden Scholarchen, zwei Ratsmitglieder, denen die Aufsicht über das öffentliche Schul- und Hochschulwesen oblag, erhielten für ihre besondere Mühewaltung jährlich ein Ohm. Darüber hinaus ist belegt, daß der Ratskeller mehrfach Stipendien an bedürftige Studenten der Hohen Schule vergab. Das waren Zeiten.

Wer der Verantwortung unseres Themas gerecht

werden will, darf nicht schließen, ohne auch ein Wort über die *Gefährdungen* des Weines zu verlieren, Gefährdungen durch den Wein wie auch der Bremer Weinschätze selbst.

Daß die Ebriositas, die Trunkenheit, und die Gula, die Völlerei, verwerflich und der Tugend der Temperantia, die stets Wasser in den Wein schüttet, entgegengesetzt waren, das stand im tugendhaften Bremen außer Zweifel und wurde den Bürgern sogar auf der Bildertafel ihrer schönen Rathausfassade vor Augen geführt. Denn gerade der Wein-Durst der Studenten verursachte auch in Bremen Ärger und war mehrfach Anlaß ernstlicher und väterlicher Ermahnungen. Seit 1585 forderten die Hochschulgesetze (die »leges«) von den Studenten, nicht zu trinken und sich nicht herumzutreiben. Und seit 1626 lesen wir in den »*Cursiv-Protokollen des Consistorii*« immer wieder von Trinkexzessen der studentischen Jugend, von nächtlichen Raufereien, Duellen, Ruhestörungen, eingeworfenen Fensterscheiben, von der Verwüstung des botanischen Gartens und der Belästigung der Bremer Jungfrauen. Mit Geldstrafen, Karzer und Relegationen versuchte der Rektor der Hohen Schule, diesem Treiben Einhalt zu gebieten. Im Jahr 1681 und erneut 1701 mußte gar der Rat der Stadt selbst mit einem Proklam gegen die »*Insolenz*« der Studenten einschreiten und die »*hierselbst sich aufhaltenden Studiosos, so wohl Einheimische/ als Außländische*« ermahnen, »*daß sie sich alles wilden, wüsten Wesens und Lebens enthalten, (...) ihre Collegia fleißig frequentieren/ Denen ihnen fürgesetzten Herren Rectori und Professoribus, nach den Legibus des Gymnasii gebührlich pariren*« sollten (Proklam vom 16. Februar 1681). Die »*Thee- und Coffé-Wirthe/ auch Wein-Bier-und Brandtewein-Schenker*« aber werden ernstlich erinnert, »*dergleichen junge Leute des Ends nicht an sich zu locken*« und sie nicht zum »*Sauffen und Schwelgen / Doppeln (= Würfeln) und Spielen / Rauffen und Schlagen/ oder auch zu Kriegs-Diensten zu veranlassen.*« (Proklam vom 25. April 1701).

Trotz solcher fürsorglichen Verwarnungen kam es hin und wieder zum Äußersten: 1833 fand man einen Studenten, den Sohn eines bekannten Göttinger Professors, tot im Ratskeller. Auf einen Zettel hatte er geschrieben:

> »*Zu Bacchus Füßen*
> *Mich zu erschießen,*
> *War längst mein Zweck.*
> *Hektor Bouterwek.*«

Und die Gefährdung des Bremer Weins selbst ? Tatsächlich drohten dem Bremer Wein Gefahren durch die Jahrhunderte hindurch, von innen und außen, ökonomische, solche, die mit dem Transport und seinen Risiken verbunden waren, oder die aus Wirren aller Art hervorgingen. Anton Kippenberg erzählt von einem »*Rumor*« im 15. Jahrhundert, einer Bürgererhebung gegen den Rat. Sogleich ließ dieser aus allen Fässern im Keller die Spunde herausziehen; die Aufrührer hatten das Nachsehen. Aber auch alle auswärtigen Besatzer, die Bremen im Laufe der Zeiten heimsuchten, richteten ihre Begehrlichkeit auf die Bestände des Ratskellers.

Lassen Sie mich deshalb schließen mit einer kurzen, dankerfüllten Schilderung, wie die größte Gefährdung der alten Bremer Weinbestände erfolgreich abgewehrt

Die Rose: 1653er Rüdesheimer

werden konnte. Es ist zugleich eine Geschichte über den
Nutzen der Wissenschaft für den Wein; aber sie handelt
nicht von Botanik, nicht von Chemie und nicht von Ökonomie, sondern nochmals von der Geschichte. Ende 1810
wurde Bremen bekanntlich dem französischen Kaiser-
reich einverleibt und war nun Hauptstadt des *»Départe-
ment des Bouches du Weser«*. Für die anstehenden Refor-

men brauchte Frankreich Geld, und so wurde an höchster Stelle beschlossen und angeordnet, die alten Weinbestände der Ratskeller in Lübeck, Hamburg und Bremen zu versteigern. Mitte 1811 wurde ein Professor des Gymnasium Illustre zum Maire der Stadt ernannt, einer überaus schwierigen Position. Es war Dr. Wilhelm Ernst Wichelhausen, Professor der Rechte, damals 42 Jahre alt, frankreichfreundlich, aber auch ein Mann des Ausgleichs. Wichelhausen, der, nebenbei bemerkt, die Überführung des Bremer Roland nach Paris verhinderte, sollte nun die Versteigerung der Ratskellerweine organisieren. Zunächst riet er dem Präfekten, damit zu warten, bis sich die Preise nach der Lübecker und Hamburger Versteigerung wieder erholt hätten. Das leuchtete ein. Dann rieten er und der Weinherr Senator Georg Gröning dringend, die Weine einzeln zu versteigern, um einen besseren Erlös zu erzielen. Das leuchtete auch ein und gab die Möglichkeit, die Erstellung der Auktionslisten unauffällig in die Länge zu ziehen. 1813 waren die Listen endlich fertig, aber nun hatten die Franzosen andere Sorgen. Am 15. Oktober kapitulierte die französische Besatzung; der russische Generalmajor von Tettenborn zog als Sieger und Befreier Bremens triumphal in die Stadt ein – und tat sich sogleich an den Beständen des Ratskellers gütlich.

Mit den alten Weinen hat es seine besondere Bewandtnis. Lange Zeit galten die Rose- und Apostelweine als eine wirksame Medizin und wurden ärztlich verschrieben, zum Beispiel dem 73jährigen Goethe durch den Bremer Arzt Dr. Nikolaus Meyer, der mit Naturalgaben und eigenen Versen versuchte, Goethe von Karlsbad nach »Bad Lilienthal« umzuorientieren. Leider vergeblich.

Aber diese Weine hatten auch andere wunderbare Wirkungen: »*Ich hatte von diesen Fässern nur gekostet*«, schreibt anno 1800 der Theologe Johann Gottfried Hoche, »*und doch schienen mir die Steine auf der Straße gewachsen zu sein, als ich herauskam*«. Wilhelm Hauff hatte nach einer Kostprobe vielleicht eines Rose-Weins von 1615 oder 1624 seine wunderbaren »*Phantasien im Bremer Ratskeller*«, und Heinrich Heine sah nach einem Besuch im Ratskeller betrunkene Engel auf den Dächern sitzen und den Weltgeist mit der roten Nase. Bei anderen schließlich, verehrte Gefolgschaft des Bacchus und der Jungfer Rose, wirkt dieser Wein bereits, wenn sie nur von ihm erzählen. Ich glaube, zu diesen gehöre auch ich.

Literaturverzeichnis

Adamietz, Horst: Das Rathaus. Meisterwerk Norddeutscher Baukunst. Bremen 1980.

Albrecht, Stephan: Das Bremer Rathaus im Zeichen städtischer Selbstdarstellung vor dem 30-jährigen Krieg. Marburg 1993.

Beurmann, Eduard: Skizzen aus den Hanse-Städten. In: Hans Kasten (Hrsg.): Bremen in der Erzählung. Bremen 1946, S. 106–169. (Zuerst Hanau 1836)

Bippen, Wilhelm von: Der Ratskeller zu Bremen. Bremen 1890.

Börtzeler, Adolf: Lateinische Inschriften Bremens. Bremen 1952.

Döscher, Lüder: Bremer Rathaus-Plaudereien. Bremen 1967.

Entholt, Hermann: Der Ratskeller zu Bremen. Bremen 1929.

Hagenow, Gerd:: Aus dem Weingarten der Antike. Mainz 1982.

Hauff, Wilhelm: Phantasien im Bremer Ratskeller. Ein Herbstgeschenk für Freunde des Weines. Bremen 1992. (Zuerst Stuttgart 1827)

Jaques, Norbert: Mysterium alter Weine. In: »Bremen«, Merian 12 (1953), S. 22–24.

Hugh Johnsons Weingeschichte. Bern/ Stuttgart 1990.

Kippenberg, Anton: Geschichten aus einer alten Hansestadt. Bremen 1966. (Zuerst Leipzig 1937)

Kloos, Werner: Gut bremisch Essen und Trinken. Bremen 1966.

Kohl, Johann Georg: Der Raths-Weinkeller in Bremen. Bremen 1866.

Löbe, Karl: Weinstadt Bremen. 1000 Jahre Umgang mit Wein. Bremen 1981.

Meyer, Hanns: Gastliches Bremen. Von Gästen und Gastereien, von Gasthöfen und Lustbarkeiten im Wandel der Zeiten. Bremen 1959.

Ders.: Im guten Ratskeller zu Bremen. Bremen 1962.

Müller, Hartmut: »On y boit des vins du Rhin, le commun peuple boit du vin de Bordeaux« – Bremen und Bordeaux im Zeitalter des Ancien Régime. In: Bremisches Jahrbuch, Bd. 69, 1990. S. 45–73.

Schwarzwälder, Herbert: Sitten und Unsitten, Bräuche und Mißbräuche im alten Bremen. Bremen 1984.

De Porre, Eugen: Edle Gewächse und trinkbare Orden. Bremen als Weinmetropole. In: »Bremen«, Merian 3 (1982), S. 88–90.

Wieser, Stefan: Das Trinkverhalten der Deutschen. Eine medizinisch-soziologische Untersuchung. Herford 1973.

Dieser Beitrag wurde dem Band 17 der in unserem Verlag erscheinenden Reihe: *Beiträge zur Sozialgeschichte Bremens* entnommen. *Christian Marzahn (Hrsg.): Genuß und Mäßigkeit. Von Weinschlürfern, Coffeeschwelgern und Tobackschmauchern in Bremen. Bremen 1994*

Seltsame Nacht

Eine Miniature aus meinem Tagebuch und anderen bremischen Dokumenten

*Es begegnete mir zum dritten Male schon ein Herr,
den ich sicher zu kennen vermeinte: aber aus einer
gelesenen Erzählung, nicht aus dem äußeren Leben: wie nur war er jetzt in dieses gelangt?*
Heimito von Doderer

Als ich mich anschickte, meinen semisaecularen Geburtstag zu feiern, war für mich nicht zweifelhaft, daß
zu einem solchen Jubiläumstage, wenn man ihm und
seinem Trubel nicht gänzlich ausweichen, sondern ihn
als eine festliche Veranstaltung begehen wollte, auch ein
festlicher Ort gehöre. Und so lud ich denn meine
Freundinnen und Freunde, einige Honoratioren der
Stadt und die mir lieben Kolleginnen und Kollegen an
besagtem Tage in den Bremer Ratskeller. Es war ein
rauschendes Fest. Viele schöne Reden wurden gehalten,
viel Wein getrunken, und ich erfuhr viel Freundschaft,
die mich rührte und beglückte. Die vielen Geschenke
freuten mich am Geburtstags-Abend, ängstigten mich
am nächsten Tage in ihrer anonymen Fülle und präsen-
tierten die schönsten Überraschungen, als ich mich ihnen schließlich einzeln widmen konnte.

Unter den Eingeladenen war auch Bürgermeister S..
Freudig hatte er zugesagt, war dann aber doch verhindert. »Aber«, sagte er strahlend und tirillierte mit den

Fingern seiner rechten Hand, »ich habe ein wunderbares Geschenk für Sie.« Am Abend überreichte mir seine Mitarbeiterin einen Brief; sie dürfe nicht weggehen, bevor sie nicht beobachtet habe, wie ich den Brief aufnahm. Ich las und war – äußerst überrascht! In dem Schreiben hieß es: »...möchte ich Ihnen eine Nacht im Bremer Ratskeller ganz für Sie alleine, mit den vielen Geschichten und Gesichten organisieren. Sagen Sie mir, wann dies für Sie paßt.« Ich war, sagte ich, äußerst überrascht, und meine Fassung kehrte erst allmählich zurück. Wie war das möglich? Seit Jahren hatte ich, ganz im Geheimen und für mich allein, gegrübelt, wie und ob überhaupt jemals eine solche Sondererlaubnis zu erwirken wäre. Niemals habe ich jemanden, so glaube ich jedenfalls, in diesen Herzenwunsch eingeweiht. Und nun dieses Geschenk! War es ein Tip gewesen? Dann traf er jedenfalls ins Schwarze. War es eine Eingebung, war sie bemerkenswert. Bis heute weiß ich nicht, was es wirklich war, und dabei mag es bleiben.

Nach dem Geburtstag war viel zu tun, dann kam der Sommerurlaub und schon näherte sich das historische Datum, das für einen solchen Besuch gewissermaßen vorgegeben ist. Nun fiel der 1. September, der Jahrestag der Rose, in diesem Jahr nicht günstig. Und so machte ich mich, nach einem solideren Nachtmahl als gewöhnlich, schon am letzten Augustabend auf den Weg zum Ratskeller. Das Ostertorfest, das ich auf meinem Wege zu durchqueren hatte, bedeutete mir wenig. Bierbüchsen überall, lärmende Biertrinker an den Ständen – was wußten sie, wohin ich ging und was ich in dieser Nacht vorhatte.

Eine halbe Stunde vor Mitternacht traf ich im Ratskeller ein. Die Kellner grüßten freundlich, sie waren schon im Bilde, kannten meine Sonderwünsche und Concession. Alles war vortrefflich vorbereitet, und ich nahm Platz im Hauff-Keller, unmittelbar unter Steinhäusers Marmorrelief des Dichters.

> *»Trinket mit Wilhelm Hauff!*
> *Geister des Weins wacht auf ...«*

Vor mir auf dem Tisch drei dreiarmige, silberne Kerzenleuchter, Schreibzeug und ein Tagebuch, einige Bücher – unter ihnen natürlich die *»Phantasien«* in der schönen neuen manholt–Ausgabe. Dazu das Brotkörbchen, Aufstrich, diverse Weingläser und die Hauptsache: die Weine, die ich in dieser Nacht verkosten wollte.

Ein Herr vom Ratskeller-Wachdienst kam und machte seine Runde. Auch er war informiert und verabschiedete sich freundlich. Noch einmal der Oberkellner; ob alles in Ordnung sei. Ich sparte nicht an Lob und Trinkgeld. Er öffnete mir meine erste, kleine Flasche, schenkte ein und wünschte mir eine gute Nacht. Die Domuhr schlug Mitternacht, verhalten, wie von weit. Kein »Hört, ihr Herrn und laßt Euch sagen:« Stattdessen sirrten die Kassenmaschinen in der Großen Halle. Die letzten Rechnungen wurden verbucht, und auch die trinkfesten Gäste verließen nun den Keller. Dann ging das Licht aus und – wirklich wie bei Hauff – wurde die Eingangstür mit einem mächtigen Knall zugeschlagen. Langsam verlor sich das Echo im Keller. Ich hörte, wie der Schlüssel im Schloß herumgedreht wurde, Schritte, die sich entfernten. Dann war ich allein.

Da sitze ich nun, im milden Schein der Kerzen, bei meinem Wein. Der erste ist ein fruchtiger Wein von der

Nahe, und ich trinke das erste Glas auf das Wohl des edlen Spenders. Noch kann ich es kaum fassen, daß der Traum Wirklichkeit geworden ist. Aber was würde er mit sich bringen? Was würde ich erleben in dieser Nacht? Würde ich überhaupt etwas Besonderes erleben? Ich verzeichne einige Notate im Tagebuch.

Aus der Stille, die mich umgibt, erhebt sich ein seltsames Geräusch, zuerst von fern, dann an Stärke zu- und wieder abnehmend, bis es sich ganz verliert. Eine Straßenbahn ist wohl links über mir vorbeigefahren. Plötzlich ein scharfer Schlag. War das am Fenster? Nein, eher an der Tür, von wo ich jetzt auch Stimmen höre. Und da bewegt sich etwas, wohl eine Gruppe später Zecher, die ungestillten Durstes abziehen müssen. Schon ist es wieder still.

Ich entkorke den nächsten Wein, einen Riesling aus dem Rheingau. Ihn widme ich meinem hoch verehrten Landsmann Wilhelm Hauff. Niemals wieder hat jemand den Rheingau und seine Weine so herrlich, so köstlich und so begeistert besungen wie dieser schwäbische Poet. Bene tibi!

Drüben in der Halle höre ich jetzt wieder das Brausen, ein anhaltendes Brausen, das schon die ganze Zeit da war und auch die ganze Nacht nicht verstummt, wie eine ferne Meeresbrandung. Die Wirklichkeit ist vermutlich weniger poetisch. Die Klimaanlage?

Um Mitternacht waren noch zu viele Gäste im Keller gewesen. Kein Geist hatte sich gezeigt. Nun geht es auf eins. Unterseeisch-gedämpft erklingen die Schläge der Domuhr und es passiert – nichts. Ich bemerke, daß ich angefangen habe, mit mir zu plaudern. Wie anders nun meine Stimme klingt, nicht mehr gedämpft durch

die allgemeinen Geräusche der Geselligkeit. Und wie schön es klingt, wenn man nur leicht gegen das Glas schlägt. Der Ton schwingt lange nach, wie der Geschmack des Weins im Gaumen, und so klar wie der Wein im Glase.

Da sind wieder Schritte. Nicht im Keller, sondern oben unter den Arkaden. Ich werfe einen Blick auf den Eingang. Stehen da wieder Leute? Nein, es bewegt sich nichts. Und schon sind die Schritte verklungen.

Ich will mich ein wenig im Keller umsehen. Ich kenne ihn ja leidlich, und doch ist er mir jetzt ganz fremd, sogar unheimlich. Die Bilder im Hauff-Saal sind nur noch schwarze Flächen. Das Licht meiner Kerzen ist zu schwach, um ihnen ihre Farbe zu entlocken. Die große Halle erscheint nun endlos tief. Die Wein-Fässer und die Priölken gegenüber sind große, schwarze Höhlen, die ins Dunkel führen. Ob sie dort irgendwo verbunden sind? Eine merkwürdig einsaugende Kraft geht von ihnen aus. Man muß sich hüten.

Aber wie schön, wie faszinierend ist diese Halle! Als seien ihre Proportionen, ihre Architektur speziell für Kerzenlicht gemacht. Sein Flackern belebt die Säulen und Gewölbe, die sich im Dunkel verlieren. Alles ist beweglich und in Bewegung und dauernder Veränderung. Wie öde, so geht mir durch den Kopf, ist unser elektrifiziertes Licht gerade hier, so mechanisch, so eintönig; fade tötet es jede Atmosphäre.

Bis zu den neun Stufen des Bacchus-Kellers taste ich mich voran. Am anderen Ende des Kellers reflektiert der Gott aufblitzend das Licht meiner Kerzen. Nach kurzem Verweilen kehre ich um; mein Platz im Hauff-Keller ist in ein freundliches, warmes Licht getaucht,

das mir den Weg weist. Meine Schritte hallen laut. Die Figuren am Eingang entpuppen sich als zwei Bäumchen. Sie halten Wache. Eine Gruppe trunkener Sänger hat sich auf dem Markplatz eingefunden. Eine schöne, helle Mädchenstimme ist darunter. Eine ganze Weile singen sie dort oben. Keiner von ihnen weiß, daß ich sie gehört habe in jener Nacht, ein unterirdischer Lauscher. Aber die Henne weiß es, die dort drüben auf dem Tresen sitzt. Ich gehe durch den Raum; laut knarren die alten Holzdielen. Im Erfrischungsraum schlägt die Domuhr gerade zwei. Ihr Ton ist laut und klar. Sie muß ganz nah sein, so daß man sie fast ticken hört. Auf dem Rückweg mache ich einen weiteren kleinen Abstecher in die Große Halle. Sie ist auch jetzt noch fremd und sonderbar, wirkt aber nicht mehr so unheimlich wie vorhin.

Zurück an meinem Trink- und Leseplatz, fülle ich mein Glas erneut mit meinem Rheingauer Riesling und schlage die »Phantasien« auf. Wo ist sie denn, meine Lieblingsstelle: Bacchus' Eloge auf den Wein vom Rheingau. Ich beginne zu lesen, mir vorzulesen:

»Da freute sich mein Herz, daß er mein Reich ausbreite im deutschen Lande, und als dort die ersten Reben blühten, zog ich ein im Rheingau mit glänzendem Gefolge… Und als im Herbst das erste zarte Kind des Rheingaues in der Wiege lag, da hielten wir ein großes Fest und luden alle Elemente zur Feier ein. Und sie brachten köstliche Geschenke und legten sie dem Kindlein als Angebinde in die Wiege. Das Feuer legte seine Hand auf des Kindes Augen und sprach: Du sollst mein Zeichen an dir tragen ewiglich; ein reines, mildes Feuer soll in dir wohnen und dich wert machen vor allen anderen. Und die Luft in zartem, goldenem Gewande

kam heran, legte ihre Hand auf des Kindes Haupt und
sprach: Zart und licht sei deine Farbe wie der goldene
Saum des Morgens auf den Hügeln, wie das goldene
Haar der schönen Frauen im Rheingau. Und das Wasser
rauschte heran in silbernen Kleidern, bückte sich auf das
Kind und sprach: Ich will deinen Wurzeln immer nahe
sein, daß dein Geschlecht ewig grüne und blühe und sich
ausbreite, so weit mein Rheinstrom reicht. Aber die Erde
kam und küßte das Kindlein auf den Mund und wehte
es an mit süßem Atem. Die Wohlgerüche meiner Kräu-
ter, sprach sie, die herrlichsten Düfte meiner Blumen
habe ich für dich gesammelt zum Angebinde. Die köst-
lichsten Salben aus Ambra und Myrrhen werden gering
sein gegen deine Düfte, und deine lieblichsten Töchter
wird man die Königin der Blumen heißen – die Rosen.

So sprachen die Elemente; wir aber jubelten über die
herrlichen Gaben, schmückten das Kindlein mit fri-
schem Weinlaub und schickten es dem Kaiser in die
Burg. Und er erstaunte über die Herrlichkeit des Re-
benkindes, hat es fortan gehegt und gepflegt und die
Rebe am Rhein seinen herrlichsten Schätzen gleichge-
achtet.«

»Ganz hübsch,« sagte da jemand laut und deutlich;
»wirklich, net schlecht. Man bekommt Luscht auf ein
Glas Wein von dort, gell?« Ich erschrak zu Tode. Diese
Stimme kam nicht von draußen. Hat sich da noch jemand einschließen lassen? Wollten mir die Kellner einen Streich spielen? Ich fühlte mich kalt und ungemüt-
lich. – Nun hörte ich, wie jemand die Treppe herabkam,
nicht die Treppe vom Haupteingang, sondern die gemalte Treppe hier im Hauff-Keller; dazu das tapp-tapp-
tapp von Katzenpfoten. Erstarrt saß ich da.

Eine Gestalt löste sich aus der Dunkelheit und trat in den Schein meiner Kerzen. Nein, ein Strolch war das wenigstens nicht. Trotzdem blieb alles sehr beklemmend. Ich faßte mir ein Herz und sah genauer hin: mittelgroß, königsblauer Frack, dunkelbraunes Haar, eine scharfe, etwas gebogene Nase, volle Lippen, ein starkes Kinn und unter dunklen Augenbrauen azurblaue Augensterne. Wenn auch überaus seltsam und kaum begreiflich, gab es doch keinen Zweifel: Es war der schwäbische Poet höchst persönlich. Und wie zur Bestätigung stellte er sich nun auch namentlich vor. Ich sprang auf, stammelte auch meinen Namen und lud ihn ein, Platz zu nehmen. Mit einem »Darf ich?« kredenzte ich ihm einen Schoppen Johannisberger Riesling.

»Zum Wohl sein!« »Prosit!«
»Ja, das ist ein Weinle! Fast wie damals.« Und er schlürfte den Johannisberger versonnen und mit Wohlbehagen.

»Schön«, nahm er den Faden wieder auf, »wie Sie das vorgelesen haben, ich hör's immer wieder gern. Das hat ein Weinfreund geschrieben, findet Sie net?« Nach einer kleinen Pause fügte er hinzu: »Sie sen au a Schwab, gell? Hab i glei ghört. Woher sen Se denn? So, au aus Stuttgart. Und da trifft man sich im Bremer Ratskeller! Darf ich Sie fragen, was Sie vom Neckar an den Weserfluß geführt hat?« Ich berichte ihm von der Neugründung der hiesigen Universität, ihrer eigensinnigen Entwicklung, und daß es mich bis heute nicht gereut habe, hierher gekommen zu sein.

»Ja, ja, so isch no au wieder. – Übrigens, ich kenn Sie.«

»Wie bitte?«

»Ich kenn Sie. Wir haben uns schon einmal getroffen. Auf dem Hoppenlau Friedhof. Erinnern Sie sich net?«

Sofort stand mir die ganze Szene wieder vor Augen. Bei einem anderweitig begründeten Aufenthalt in Stuttgart hatte ich auch Hauffs Grab besuchen wollen. Also begab ich mich auf den besagten Friedhof, fragte dortselbst viele eilige Passanten nach dem Grabe des Dichters – ohne Erfolg. Viele wußten gar nicht, wen ich überhaupt suchte. – Unter einem Schuppendach hatte sich eine Gruppe von Wohnungslosen ein Lager eingerichtet. Bei denen versuchte ich nun mein Glück, und siehe da: Sie wußten, von wem und wovon die Rede war.

»Ha, do miaßet Se do henten nom gange. Des sähn Se glei; 's isch a Leier uf ama große Stoi.« – So fand ich das Grab Wilhelm Hauffs und legte, in Ermangelung größerer Gebinde, ein Veigele darauf nieder – und die Grüße seiner Verehrer in Bremen.

"Ich hab alles gehört und gesehen damals. Und ich danke Ihnen recht schön.«

Ich hatte niemanden kommen hören, und dennoch waren wir plötzlich drei im Raum. Wieder erschrak ich heftig. Hauff dagegen begrüßte den älteren Herren, der jetzt bedächtig die letzten Treppenstufen herunterstieg, wie einen alten Bekannten:

»Das ist mir aber eine Freude, daß wir uns hier im alten Weinkeller wiedersehen. Die Stadt, die Begegnungen, die alten und die neuen Freunde, die ich hier gefunden, sie sind mir unvergessen. Und erst recht jener bezaubernde Abend hier im Keller mit den alten Weinen, den poetische Geschichten – ich bin Ihnen noch heute dankbar für diese Gastfreundschaft.«

»Ja, schön ist es gewesen. Und Sie haben auch etwas

Schönes daraus gemacht, wofür die Bremer sich bei Ihnen bedanken können.«

Jetzt endlich hatte ich ihn erkannt. Die kleinen stechenden Augen, die eher breite Nase, das energisch vorgeschobene Kinn, halb in dem hohen Kragen und dem Jabot vergraben, das gefurchte Gesicht und das gutmütige Lächeln – es war der große Bürgermeister Smidt. Kein Wunder, daß die beiden Herren nun ihre alte Freundschaft mit einem tüchtigen Schluck Johannisberger auf's neue besiegelten.

»Ah, und dann Ihre charmante Aventiure mit der kleinen S-tolbergerin.«

»Seien Sie zartfühlend, Magnifizenz. Erinnern Sie mich nicht daran.«

»Ja, ja – Bin einmal ein Narr gewesen …, nicht wahr?«

»Allerdings.«

»Hübsch war sie ja, die blonde Josephe, und nicht nur Ihnen hat sie den Kopf verdreht. Dabei ans-tändig, grundans-tändig. Jedenfalls haben wir hier in Bremen noch lange geschmunzelt, als Sie längst wieder abgereist und bei Ihrem Luisgen in S-tuttgart waren.«

»… daß ich solch ein Narr konnt sein.«

Sie kamen auf gemeinsame Freunde zu sprechen und nochmals auf die alten kostbaren Rheinweine, die der Maire der Stadt, Professor Wichelhausen, und Senator Gröning in der Franzosenzeit so listig vor der Versteigerung gerettet hatten.

»Gibt es den Apostel- und den Rose-Keller auch heute noch?« fragte Hauff angelegentlich. Der Bürgermeister bejahte, und ich flocht geschwind die Bemerkung ein: »Natürlich gedenken die Leute dort besonders gern Ihrer Erzählung, oder man kann sie ihnen dort recht gut bekannt machen. – Aber sagen Sie doch bitte, Herr Dr. Hauff: Durften Sie damals auch den 1615er Rüdesheimer kosten?« Hauff wollte gerade antworten, da sagte der Bürgermeister:

»Psst, das bleibt ein Geheimnis, nicht wahr?«
»Gewiß, ein Geheimnis!« Libera quae sub ea dicta tacenda scias! Heißt es nicht so?« Das war nun aber weder Hauff noch Smidt, sondern eine neue Stimme, die sich von der Treppe aus vernehmen ließ. Als habe er das gar nicht bemerkt, antwortete der Bürgermeister gedankenverloren: »So s-teit dat schreven, so wor dat und so schall's blieven.« Dann schaute er sich um, wer da auf dem Treppenabsatz stünde. Ein junger Mann kam die restlichen Stufen herunter, dunkelhaarig, schnauzbärtig und sagte halb wohlwollend, halb schnippisch:

»Da hatte ich vorgestern Abend große Knüllität von zwei Flaschen Bier und zweieinhalb Flaschen Rüdesheimer 1794er. Man sitzt so recht schön zwischen den Fässern. Ja, der Weinkeller. Das ist unleugbar das beste Institut in diesem langweiligen Nest, wo man nichts tun kann als fechten, essen, trinken, schlafen und ochsen. voilà tout ….«

»Nu man nich so hitzig, dschjunger Mann;« erwiderte gemütlich der Bürgermeister. »Wie war der werte Name?«

»Ich bitte vielmals um Vergebung: Engels, Friedrich Engels, wohnhaft seit kurzem in dieser schönen Stadt und beschäftigt als Lehrling im Comptoir der respektablen Handels-Firma Heinrich Leupold.«

"Ja, ja. Aus Barmen, nicht wahr? Und an literarischen und theologischen Fragen mehr interessiert als an der Ökonomie. Treviranus hat mir von Ihnen erzählt.«

»Gewiß von einem Poeten, durch dessen Reimereien noch nicht viel für die Kunst getan ist. – Ich bitte auch um Nachsicht wegen der unbedachten Äußerung vorhin über Bremen.«

»Dat lot Se man got wesen, Herr Engels«, sagte der Bürgermeister versöhnlich. Aber vielleicht gäbe es für ihn in Bremen doch noch einiges zu entdecken. Ob er denn das neue Theater kenne, oder die neueren Armenanstalten, für die man gelobt werde, oder die neuen Hafenanlagen in Bremerhaven oder die altbewährte bremische Verfassung?

»Ihre Verfassung?«, ereiferte sich Engels von neuem. »Magnifizenz, bei allem Respekt, aber in Bremen ist die Opposition gegen die Regierung nicht rechter Art, weil sie in der Geldaristokratie, den Älterleuten besteht, die sich der Rangaristokratie, dem Senat widersetzen.« Nein, bewährt habe sich diese Verfassung nicht. Jeden Aufschwung des Geistes behindere sie; »niederträchtig« sei sie geradezu – so scharf drückte er sich aus, sehr zum Mißvergnügen des Bürgermeisters, der heftig an seiner kurzen Tonpfeife sog.

»Ins Theater«, fuhr Engels unbeirrt fort, »geh' ich sehr selten, da das hiesige schändlich schlecht ist.« Und die Literatur? »Bremen sieht die Literatur mit argwöhnischen Blicken an, weil es kein ganz reines Gewissen gegen sie hat, und gewöhnlich nicht aufs sanfteste von ihr berührt wird.«

Hiermit war nun der Dichter aus dem Schwabenlande gar nicht einverstanden. »Ich muß gestehen, lieber Herr Engels, daß ich die Bremer bei meinem – freilich zu kurzen – Aufenthalt hierselbst sehr offen und keineswegs so philisterhaft angetroffen habe, wie Sie sie zeichnen.« Dabei wechselte er einen Blick mit dem Bürgermeister. Engels aber eiferte weiter: »Keine Philister?« Ein schwarzer Schnurrbart genüge, »all die Philister zu perhorreszieren. Vor einem Vierteljahr kannte mich kein Mensch hier, und jetzt kennt mich alle Welt, bloß wegen dem Schnurrbart. O über die Philister!«

Und als wolle er seine Kritik auf die Spitze treiben, fügte er hinzu: »Leider geht hier die Opposition nur zu oft mehr aus einem Neide gegen die Patrizier hervor, als aus dem Bewußtsein, daß die Aristokratie dem vernünftigen Staate widerstrebe; und dabei ist sie so beschränkt, daß ebenso schwer mit ihr über bremische Angelegenheiten zu sprechen ist, wie mit den strengen Anhängern des Senats. – Beide Parteien überzeugen einen immer mehr, daß so kleine Staaten, wie Bremen, sich überlebt haben, und selbst in einem mächtigen Staatenverbunde ein nach außen hin gedrücktes und nach innen hin phlegmatisch-altersschwaches Leben führen müssen.«

Das war dem Bürgermeister nun doch zuviel. Halb verärgert, halb amüsiert sagte er: »Mein lieber, junger Freund, mir scheint, Sie sind ein Mann des schnellen Urteils.« Und nun folgte eine strenge Lektion über die Jahrhunderte alte, gegen viele Widerstände immer erneut verteidigte Unabhängigkeit Bremens, die besonderen und übergeordneten Pflichten einer See- und Fernhandelsstadt und die Treue der Stadt zu ihrer republikanischen Tradition. Hieraus seien ihr besonderer Bürgersinn, ihr Selbstverständnis als eine Verantwortungsgemeinschaft, sei ihre besondere Staatskultur erwachsen. Gingen diese einmal verloren, habe die Selbständigkeit Bremens keine Grundlage mehr. Der Bürgermeister lächelte jetzt nicht mehr, sondern sprach sehr ernst. Entsprechend vorsichtig gab Engels zu bedenken, ob jetzt, da der vierte Stand seine Stimme erhebe, die alte bremische Verfassung noch lange Bestand haben könne. »Wir werden sehen«, sagte der Bürgermeister, nun wieder etwas milder, »und unsere Hände nicht in den Schoß legen.«

So disputierte und politisierte man noch eine Weile weiter – über die Zukunftsbedeutung Bremerhavens, den neuen Aufschwung des Amerikahandels, den notwendigen Schutz der Auswanderer. Weltoffen müsse diese Stadt bleiben, wie es ihrem Wesen entspreche. Weltoffen? Wie war das doch mit Smidt und den Juden? Aber ich sagte nichts. Erst als man auf Kunst und Wissenschaft zu sprechen kam, fragte ich:

»Magnifizenz, in jungen Jahren waren Sie selbst Philosophieprofessor am hiesigen Gymnasium Illustre, nicht wahr? Und, wie es scheint, lag es Ihnen am Herzen. Warum ist es auch Ihnen nicht gelungen, diese altehrwürdige Einrichtung im Geiste der Zeit zu erneuern – etwa als eine bremisch-französische Universität, oder durch die Berufung moderner, freiheitlich gesonnerer Gelehrter nach Bremen; die »Göttinger Sieben« waren damals von ihren Lehrstühlen vertrieben worden, unter ihnen Ihre alten Freunde Jacob und Wilhelm Grimm.«

»Das s-timmt«, erwiderte der Bürgermeister, »eine Erneuerung unserer Hochschule ist damals nicht gelungen. Schwer zu sagen, warum. Aber vielleicht war die Neuordnung des gesamten höheren Schulwesens für Bremen damals wichtiger; denken Sie nur an die Einrichtung der bekenntnisfreien Hauptschule, der Staatsvolksschulen, einer geordneten Lehrerausbildung und schließlich der Schulpflicht überhaupt. Das waren weitreichende Anstöße – zum Wohle Bremens.«

»Zum Wohle Bremens«, wiederholte der Bürgermeister und hob sein Glas, »und zum Wohl seiner lieben Gäste!« »Zum Wohle Bremens!«, wiederholten wir freudig und ließen unsere Gläser klingen.

Auf dieses Zeichen hin kam ein neuer Gast die Treppe herunter und gesellte sich an unseren Tisch. »Ich hörte Gläser-Klang zu später Stunde. Da hielt es mich nicht länger drüben im Dom. – Aber welch hochmögende Gesellschaft! Ich grüße die Herren ergebenst und fühlte mich sehr beehrt, mit Ihnen anstoßen zu dürfen.«

»Aber mit dem größten Vergnügen«, sagte der Bürgermeister mit einer einladenden Geste, »nehmen Sie doch bitte Platz, Herr von Knigge.« Ja, das war er: die aristokratische scharfgebogene Nase, das hervorspringende Kinn, eine markante Physiognomie. Ich staunte nicht wenig.

»Ich darf Ihnen gestehen, daß ich Sie von der Treppe aus schon ein wenig belauscht habe, und allzu gerne würde ich zu einigen Sujets Ihrer Unterhaltung auch meine Meinung äußern.« Heiter schaute er in die Runde, und, ohne eine Antwort abzuwarten, fuhr er fort: Er sei mit Herrn Engels ganz einverstanden in der günstigen Beurteilung des hiesigen Ratskellers. Ein »unterirdischer Bacchus-Tempel« mit den kostbarsten Wein-Schätzen, die sich denken ließen. Weniger angetan sei er hingegen von dem »Gericht frischgebratener Neunaugen (welche mir im Vorübergehen zu sagen, eine ungesunde und nicht einmal so wohlschmeckende Kost zu sein scheint, wie die eingemachten).«

Dem Lob des Ratskellers werde wohl jeder zustimmen, der kein Narr und kein Banause sei. Wir nickten, stießen mit unseren Gläsern an und ließen den Ratskeller hochleben. Aber, setzte er hinzu, auch dem Urteil des Bürgermeisters springe er gerne bei, wenn dieser zu Recht andere Einrichtungen dieser Stadt würdige: »Die Policey ist vorzüglich gut; kein Bettler ist in und um Bremen zu sehen, besonders seit der neuerlichen Verbesserung der Armen-Anstalten. Und zwar werden diese Bettler nicht, wie wohl in anderen Städten, mit leerem Magen, über die Grenze dem lieben Nachbarn zugeführt, sondern es wird dafür gesorgt, daß sie hier arbeiten und essen können.«

Er sei froh, antwortete der Bürgermeister, daß Herr von Knigge gerade diesen wichtigen Bereich erwähne. Tatsächlich seien die Verhältnisse hier nicht sehr gedeihlich gewesen. Schon der ältere Bericht über die Bremer Gefängnisse und »Arrestbehälter« habe sich hinsichtlich Hygiene und Sicherheit sehr kritisch geäußert. Und erst recht die Franzosen, die unsere Tor- und Turmgefängnisse schlicht als »monuments des siècles barbares« bezeichneten. Erst neuerdings sei mit dem Detentionshaus endlich ein zeitgemäßes Gefängnis entstanden. Gewiß werde sich Herr Engels bald einige dieser segensreichen Einrichtungen ansehen; auch den Dom und die Domschule, den Wirkungsort des Freiherrn, dürfe er dabei nicht übersehen. Schade übrigens, fügte er hinzu, daß Herr von Knigge die Eingliederung des Dombezirks in unsere Stadt nicht mehr erlebt habe. Das sei nicht nur ein gutes Stück Diplomatie gewesen, sondern auch ein schöner Sieg – »der alten Hansestädte über die Residenzen«, vollendete der Freiherr den Satz.

Der Bürgermeister lächelte.

Den Faden der Kontroverse nochmals aufnehmend, fragte er: »Und was halten Sie, lieber Herr von Knigge, von unserer bremischen Verfassung?« Dieser war um eine klare Antwort nicht verlegen: »Zum Lobe der hiesigen städtischen Regierungs-Verfassung glaube ich nichts besseres sagen zu können, als daß seit 1428, da sie also ist gegründet worden, nicht die geringste Gärung unter den Bürgern gewesen, welche dahin abgezielt hätte, eine Veränderung darin zu bewürken.« Der Bürgermeister schien nun sehr zufrieden. »Was sagen Sie jetzt, Herr Engels?« Der war weniger erfreut. Von seiner gemurmelten Antwort verstand ich nur: selbst ein Aristokrat, Blick zurück, und ob das denn alles überhaupt stimme.

Der Freiherr war aber mit dem, was er über Bremen zu sagen hatte, offenbar noch nicht ganz fertig. Ob denn Bremen wirklich eine so ungeschliffene und unaufgeklärte Stadt sei, wie dies oft behauptet werde, fragte er in die Runde, und gab auch gleich die Antwort selbst: »Allein durchreisende Freunde haben oft gesagt, daß sie hier in Gesellschaften einen gewissen leichten Ton im Umgange, Lebhaftigkeit und Witz in der Unterhaltung vermissen – und sie haben Recht gehabt. Wenn aber wahre Aufklärung darin besteht, daß die Menschen bey Ausbildung ihres Verstandes vorzüglich die Anwendung ihrer Kenntnisse auf ihren Beruf im bürgerlichen Leben vor sich haben; Wenn man einer Stadt nicht den Vorwurf von Barbarey und Verfinsterung machen darf, wo es eine Menge wahrhaft gelehrter und allen Zweigen nützlicher Wissenschaften erfahrener Männer giebt; Wenn derjenige Grad von Cultur der wünschenswertheste ist, welcher nicht auf Unkosten der Sittlichkeit und ächter teutscher Redlichkeit erkauft wird; so gehört Bremen gewiß unter die aufgeklärten Städte.«

Diese Worte machten auf uns alle einen starken Eindruck. Wir griffen zum Glas. »Nicht zum Spekulieren, zum Wirken ist diese Welt!«, rief der Freiherr. Wir tranken bewegt.

Ein schauerlicher Seufzer riß uns aus unserer hohen Stimmung. Es war der jammervolle Seufzer einer Frau; wieder kam er von der Treppe her. Von dort kamen auch die Schritte, Schritte einer Frau. Aber es war nicht die hübsche Josephe, über die wir soeben noch gescherzt hatten. Es schien, es war – aber das war doch ganz unglaublich, phantastisch! Ich sah die weiße Haube mit der aufgesetzten Borte, das ausgezehrte Gesicht, den starren Blick. Unwillkürlich schaute ich nach ihrem Kropf und, verstohlener, nach den Leibchen. Waren es vierzehn? Vor uns stand niemand anderes als Gesche Gottfried. Sie seufzte wieder, preßte Bibel und Gesangbuch an ihre Brust, mißtrauisch und gehetzt umherblickend, ob wir diese fromme Geste bemerkten. Das taten wir, denn nun stand sie im vollen Kerzenlicht.

»Ich wünsche den edlen Herren einen angenehmen, wunderschönen Guten Abend«, sagte sie mit schwacher Stimme und ließ ihre Augen weiterhin unruhig schweifen. »Ach, ich wäre Ihnen so von Herzen dankbar, wenn ich mich einen kurzen Moment an Ihren Tisch setzen dürfte – nach allem, was damals vorgefallen ist.«

»Vorgefallen ist!«, wiederholte der Bürgermeister grimmig und machte Anstalten, sich zu erheben. Eine besänftigende Geste des Herrn von Knigge schien ihn etwas zu beruhigen, und er nahm seinen Platz wieder ein. Zu diesem gewandt, sagte er fast vertraulich: »Habe selbst einmal eine liebe Cousine gehabt, Gesche Margarethe, zehn Jahre älter als ich. Über ein Jahrzehnt haben wir freundliche Jugendbriefe gewechselt; die meinen unterschrieb ich stets mit: gehorsamster Diener. – Aber diese hier! Nnee!«

»Bitte«, sagte Gesche Gottfried mit trotzig gespitztem Mündchen, »entschuldigen Sie nur meine jämmerliche Kleidung.« Und sie zupfte an den Ärmeln und am Kragen ihres Kleides. In ihrer Jugend habe sie recht wacker ausgesehen. Im Detentionshaus freilich... »Lassen Sie doch die Kinkerlitzchen!«, sagte der Bürgermeister ungehalten und streng. Alle schwiegen.

Dann hub sie wieder an: »Nochmals, Herr Bürgermeister, wage ich diese Bitte an Sie, sich doch meiner anzunehmen und mich nicht zu verlassen, ich werde gewiß beweisen, durch meine Lebensweise und aufrichtige wahre Besserung, daß Ihre Bemühungen nicht umsonst gewesen sind.« Der Bürgermeister antwortete nicht.

»Ach, könnte ich jetzt mein 25stes Jahr zurückrufen; ich würde gewiß standhafter seyn und stets beten.«

»Unglückliche!«, sagte der Bürgermeister. »Sparen Sie sich Ihre Redensarten!«

Nun wandte sich Hauff an den Bürgermeister: »Magnifizenz, erlauben Sie mir eine schlichte, vielleicht sogar törichte Frage?«

»Bitte.«

»Was ist denn damals vorgefallen?«

»Nanu, Herr Dr. Hauff, so wenig im Bilde? Nun also: Darf ich Ihnen die scheußlichste Giftmörderin in

133

der Geschichte unserer S-tadt, vielleicht der ganzen neueren Geschichte vorstellen: Gesine Margarethe Gottfried, geborne Timm, wegen Giftmischerei und anderer Verbrechen verurteilt zum Tode mittelst des Schwerdtes, hingerichtet am 21. April 1831 auf dem hiesigen Domshof – da drüben, nicht weit von hier. Fünfzehn Menschen, darunter ihre ganze Familie, hat sie mit Arsenik vergiftet; bei mindestens ebenso vielen hat sie es versucht. – Das ist damals vorgefallen, lieber Hauff.«

Hauff war fassungslos. Endlich fragte er mit belegter Stimme: »Und warum habe ich damals nichts von alledem erfahren?«

»Weil Sie schon nicht mehr in Bremen waren, als die Verbrechen nach und nach ans Licht kamen. Denn auch die Aufklärung der Wahrheit hat sie als Inquisitin im Detentionshaus hintertrieben, wo immer sie konnte. Sie leugnete, ge-stand, widerrief, beschuldigte andere Personen, ges-tand erneut und s-tritt dann wieder alles ab. Unsere angesehensten Gelehrten hat sie mit ihren Intrigen getäuscht wie etwa Herrn Dr. Olbers, der die Vergiftung ihres Sohnes Heinrich irrtümlich als Darmverschlingung diagnostizierte. Zu wirklicher Reue kam sie nie – und vielleicht«, setzte er mit einem Anflug kaustischen Witzes hinzu, »sollten Sie froh sein, daß Sie die Bekanntschaft dieses Frauenzimmers damals nicht gemacht haben. Wer weiß, ob Sie Bremen in guter Gesundheit verlassen hätten. – Diese Unholdin hat den guten Namen unserer S-tadt auf das Schimpflichste bekannt gemacht und besudelt – bis hinüber nach Amerika. In hundert Jahren werden mehr Menschen wissen, wer diese da gewesen ist, als sich an mich erinnern werden.«

Gesche Gottfried weinte jetzt heftig. Sie rang nach Atem. »Oh, Herr Bürgermeister, wie gern pflegte ich jetzt alle, die von mir vergiftet sind. Wie gern würde ich den Schlaf entbehren, um nur etwas wieder gut zu machen.« Sie preßte den Arm des Bürgermeisters in großer Bewegung: »Glauben Sie mir herzlich: Ich liebte geistige Getränke.« Oft habe sie in der Vergangenheit einen Krug Wein aus dem Ratskeller geholt. Aber das schwöre sie hoch und heilig: Niemals habe sie etwas an den Wein gegeben. Niemals!

Der Poet aus Schwaben hatte unterdessen seine Sprache wiedergefunden: »Können Sie uns sagen, Madame Gottfried, aus welchem Grunde Sie so entsetzliche Verbrechen begangen haben?«

»Ach, lieber Herr, ich muß mich schämen, es zu sagen; aber ich hatte keinen! Mir war gar nicht schlimm dabei zu Muthe. Ich konnte das Gift ohne die mindesten Gewissensbisse und mit völliger Seelenruhe geben. Ich gab es nicht mit Wahl der Personen, sondern denen Personen, die der Zufall mir zuführte.«

»Fürchterlich«, entfuhr es Hauff.

»Zuweilen war ich Monate lang von dem Triebe, etwas zu geben frei; dann kam aber wieder eine Periode, wo ich mit dem Gedanken aufwachte: Wenn die und die Person kommen sollte, solltest du ihr was geben. – Ich konnte es so kriegen, wenn ich des Morgens aufstand, daß ich etwas geben mußte. Ich konnte es des Abends so kriegen, daß ich, wenn das Essen auf dem Feuer hing, hinaufging und Mäusebutter holte und es daran gab. – Ich gab es aus bloßem Trieb, Mäusebutter zu geben, und aus gar keiner anderen Absicht.«

»Unerhörte Greuelthaten, wahrhaftig!«

»Memoiren des Satans«, sagte der Bürgermeister zu Hauff, »nicht wahr, Herr Doktor?«

Gesche Gottfried hatte aufgehört zu weinen. Gelegentlich aufschluchzend starrte sie in's Dunkel. »Von welchen Greuelthaten sprechen Sie, mein Herr? Mir geht ein Licht auf, alle leben! Sehen Sie! Sie alle leben noch! Sie haben ein Gegengift bekommen und so sind sie alle wieder besser geworden! Gott hat gesorgt, wie ich die That gethan, daß nun alle wieder gesund sind.«

Unwillkürlich folgten unsere Blicke ihren aufgerissenen Augen, konnten aber nichts erkennen. Unverändert lag die Große Halle in nächtlicher Finsternis. Verrucht oder verrückt? ging mir durch den Kopf; wer das wüßte.

Vor mir auf dem Tisch lagen, noch immer aufgeschlagen, Hauffs »Phantasien«. Ich würde wohl die Vorlesung von vorhin nicht wieder aufnehmen. So schloß ich denn behutsam das schöne Buch und war – allein. Einsam saß ich wieder an meinem Kerzentisch, meine Geister, die mir soeben noch Gesellschaft geleistet hatten, waren verschwunden. Die Kerzen flackerten; die Gläser waren alle noch da, und mein Weinvorrat hatte sich nicht vermindert. Ich fühlte mich wie jemand, der ein Abenteuer bestanden hat – ein wenig müde, erschöpft, aber auch glücklich, daß es gut ausgegangen war. Aber was für ein Abenteuer hatte ich denn bestanden, ja, was hatte ich heute Nacht überhaupt erlebt? Waren es denn »meine Geister«? Es waren Gestalten, mit denen ich seit längerem einigen Umgang gehabt hatte, und die mir in dieser Zeit vertraut geworden waren. Nicht, daß sie mir alle besonders sympathisch gewesen wären; aber jede von ihnen war ein apartes

Stück Bremen und ein besonderer Spiegel dieser alten Stadt. Kamen sie aus dem Wein? Nun, alle schätzten ihn, aber sie waren nicht aus den Fässern des Rose- und Apostelkellers gekrochen. Sie waren alle die Treppe heruntergekommen – die gemalte, erdachte, erdichtete Treppe. – Ah, alles war ja ganz einfach! Das Buch, das geöffnete Buch vor mir – der ewige Wechselpfad, der aus dem und in das Reich der Geister führt.

Ich hatte das Bedürfnis, mich zu stärken mit etwas Brot und Wein. Und als ich von meinem Muskateller aus Württemberg genugsam gekostet hatte, fühlte ich mich bald erkräftigt, eine dritte Reise durch das dunkle Wein-Reich zu unternehmen. Ich ergriff meinen Silberleuchter und ging nochmals an Slevogts schönen Bildern entlang. Aber sie blieben dunkel. Nur das Bild mit der Treppe, vor dem ich ein wenig verweilte, ließ seine Geheimnisse erahnen. Wer mochte da schon herab- und hinaufgestiegen sein!

Durch die große Halle führte mein Weg an den anderen Keller-Katzen vorbei, die Stufen hinunter in den Bacchus-Keller. Der muntere, hölzerne Gott ritt sein Wein-Roß so vergnügt wie alle Tage. Er ritt es nicht im Schritt und nicht im Galopp, sondern in einer hüpfend-schlingernden oder hopsend-schaukelnden Gangart, die niemand sonst beherrschte. Wenn ich meine Kerzen etwas in die Höhe hob, benahm er sich gerade so, wie ihn sein schwäbischer Verehrer beschrieben hatte: Er verdrehte seine blitzenden Äuglein, baumelte und strampelte mit den kurzen Beinchen, winkte mit dem Kopf, so daß die Locken flogen, und blinzelte mir aufmunternd zu, als sollte ich hinter ihm aufsitzen. Dies schien nun doch etwas gewagt, zumal in meinem momentanen Zustand; so schlug ich das Angebot aus und verzichtete auf einen Ausritt durch den Keller. Aber, präpariert durch das Buch und, wie ich mir nun wohl nicht ganz grundlos schmeicheln durfte, im Umgang mit den Geistern ein wenig erfahrener als andere Sterbliche, konnte mich, was ich da sah, nicht mehr schrekken. Ich zwinkerte also dem fidelen Reitersmann meinerseits freudig zu, machte mich durch nachahmende und wunderliche Gebärden lustig über seinen Reitstil und verabschiedete mich mit einem alten Weinvers:

> *»So ist's am schönsten, vom Trinken nach Hause zu kommen:*
> *Nüchtern bin ich nicht mehr, aber auch nicht zu berauscht.«*

Es war aber noch gar nicht Zeit, nach Hause zu gehen, sondern zurück zu meinem Tisch, um dem letzten Wein dieser Nacht die Ehre zu geben. Dröhnend ratterte oben die erste Straßenbahn vorüber. Es klang, als habe der Fahrer die Schienen verlassen, steuere direkt über das Kopfsteinpflaster und käme im nächsten Augenblick die Eingangstreppe herunter. Im letzten Moment muß er seine Schienen wiedergefunden haben. Ich aber saß nun wieder an meinem Tisch und öffnete den letzten Wein – eine Lemberger Spätlese aus Weinsberg an der Weibertreu. Tief-, fast schwarz-rot funkelte der Wein im Glase. Ich schreibe: »Sonntag, den 1. September 19…, am Tag der Rose.« Aber die Buchstaben und Wörter in meinem Tagebuch wollen nicht mehr recht zusammenstehen. Eins, zwei, drei … die Domuhr schlägt sechs; kein Glockenschlag ist verlorengegangen.

Da – in weiter Ferne, noch hinter der Halle, ein

neues Geräusch. Neue Geister? Kehren die alten zurück? Aber mein Buch ist geschlossen. Oder sind es die Reinemache-Frauen? Man hatte mir nicht gesagt, daß sie um diese Zeit kämen. Mit einem Schlag ist die Halle erleuchtet, gleichmäßig, mechanisch, grausam. Die Fässer sind wieder da, die Priölken, Tische und Stühle. Die Welt kehrt zu mir zurück.

Jetzt, noch immer weit entfernt, Schritte; auch Stimmen. Eine dunkelhaarige Frau kommt durch die Halle, betritt den dämmrigen Hauff-Keller, in dem noch immer meine Kerzen brennen. Sie sieht mich, grüßt und fragt, ob ich hier »arbeite«, d.h. saubermache. Es könnte eine Roma oder Sinti sein. Als ich ihre Frage, wahrheitsgemäß, verneine, scheint sie mit der Antwort zufrieden und geht weiter. Nach einigen Minuten ein Mann, ein Schwarz-Afrikaner. Etwas irritiert schaut er herüber zu meinem Kerzen-Tisch und durchquert den Raum, den Blick weiterhin auf mich gerichtet. Ihm folgt alsbald eine andere junge Frau – auch eine Ausländerin, wie es scheint. Sie grüßt nicht, schaut nicht herüber, nimmt keine Notiz von mir.

Nun kommt ein kleiner Mann hereingetrippelt, erblickt mich und meine Kerzen und kommt geradewegs an meinen Tisch: »Wo kommen Sie denn her?«, fragt er mich. Offenbar hat man weder ihn noch die anderen von meiner Sonder-Erlaubnis und meinem einsamen Besuch unterrichtet. Kein Wunder, daß meine Präsenz diese Geister des Morgen-Grauens verwirrt.

»Wieso haben Sie denn neun Kerzen auf Ihrem Tisch, und nicht sieben?« Ich stutze. Worauf will er hinaus? Aber ohne meine Antwort abzuwarten, mit einem kurzen Blick auf meinen Kalender, fügt er hinzu:

»Jetzt beginnt ein neues Jahr – im hebräischen Kalender.« Dann geht er weg. Aber ich habe sie gesehen: die tätowierte Nummer auf seinem linken Arm. Zum zweitenmal in dieser Nacht sitze ich erstarrt. Ich muß ihn fragen, wenn er zurückkommt. Aber darf ich ihn fragen?

Es schlägt halb sieben. Draußen ist es hell geworden; Tageslicht fällt schmutzig durch die Fensterschächte. Wieder kommen Schritte durch die Halle – eine Schwarz-Afrikanerin. Auch sie mustert meinen Kerzentisch und mich erstaunt. Ich warte auf den kleinen Mann, aber nicht er kommt zurück, sondern zwei von den Frauen. Sie schieben ein Putzwägelchen, beladen mit den entsprechenden Utensilien. Hinter ihnen dann der kleine Mann. Ich nehme das Gespräch von vorhin wieder auf. Es ist so. Er ist Jude. Die Nummer auf seinem Arm stammt aus Auschwitz. Als Schüler wurde er verhaftet, 1945 befreit. Jetzt ist er siebzig. Von seinen 700 Mark Rente kann er nicht leben. Seit zehn Jahren arbeitet er nun schon im Bremer Ratskeller. – Während des Golfkrieges sagte ein Arbeitskollege in seinem Beisein, jetzt werde endlich der Rest vergast. Niemand, berichtet der kleine Mann, habe etwas dazu gesagt. Mit seinen kleinen Schritten geht er hinüber in die Große Halle.

Ich räumte meine Sachen zusammen, löschte die Kerzen und stieg die Stufen zum Haupteingang hinauf. Die Sonne schien; ich mußte blinzeln. Erleichtert und versonnen grüßte ich hinauf zur roten Nase des Weltgeists. Die Straßen und Plätze waren menschenleer. Behutsam suchte ich meinen Heimweg. Da und dort blieb ich einen Moment stehen, bis sich der Bürgersteig

beruhigt hatte. Ich redete begütigend mit Ampeln und
Verkehrszeichen, wenn sie zu übermütig auf mich zu-
tanzten, und erzählte ihnen von der Lust und Last
dieser Nacht.

Dieser Beitrag wurde dem Band 17 der in unserem
Verlag erscheinenden Reihe: *Beiträge zur Sozialge-
schichte Bremens* entnommen. *Christian Marzahn
(Hrsg.): Genuß und Mäßigkeit. Von Weinschlürfern,
Coffeeschwelgern und Tobackschmauchern in Bremen.
Bremen 1994*

Biographische Notiz

Christian Marzahn, geboren am 22. Juni 1941 in Stuttgart, verlebte dort seine Kindheit und Jugend. Nach Abschluß der Schulzeit an der Freien Waldorfschule Studienjahre in Kiel, Frankfurt a.M. und Freiburg i.Br. in den Fächern Germanistik, Kunstgeschichte, Altphilologie und Sozialpädagogik. Promotion zum Dr. phil. Seit 1970 am Aufbau der Universität Bremen beteiligt, wirkte er dort als Professor für Sozialpädagogik. In seiner Tätigkeit als Konrektor der Universität Bremen initiierte und vertiefte er die wissenschaftlichen Beziehungen mit vielen ausländischen Universitäten. Hierfür wurde ihm 1992 die Ehrendoktorwürde der Universität Bratislava verliehen. In den letzten Arbeitsjahren wandte sich Christian Marzahn verstärkt den Kulturwissenschaften zu, vor allem dem Gebiet der Drogenkultur, verbunden mit einer intensiven Beschäftigung mit der Kultur- und Sozialgeschichte der Stadt Bremen. Er starb daselbst am 5. Juni 1994.